スウェーデンが見えてくる

「ヨーロッパの中の日本」

森元誠二
Seiji Morimoto

日瑞の国旗が掲げられたマルメ市庁舎

新評論

1

3

2

1. バルト海の入り江を挟んで日本国大使公邸を臨む。入り江に浮かぶ小島（右端）にあるのが元 ABBA リーダーのビョルン・ウルヴェーウス氏の自宅
2. 公邸玄関の天井にアクセル・ニルセンよって描かれた狩りの図
3. 公邸内のプライベートゾーンにある年代物のタイル
4. 秋のしじまに包まれた ABBA の家
5. 深い霧の垂れこめる公邸周辺の水面

4

5

7

6

8

9

6. スコークロスター城内で見かける愛嬌ある顔の壁画
7. リンショーピン郊外の羊毛工房で見かけた色とりどりの毛糸
8. ABBA ミュージアムに展示されているギター
9. 旭日大綬章を身にまとった燕尾服姿のスヴァンテ・リンドクヴィスト王宮府長官とカタリーナ夫人
（撮影：Karin Törnblom/IBL）

10

11

10. 3名の日本人がノーベル物理学賞を受賞した2014年のクリスマスを飾ったLEDデコレーション
11. 「欧州文化首都ウメオ 2014」オープニング式典の一コマ

13

12

14

15

12. ウプサラ大学主催の「いけばなと現代植物展」で示された花結い師の技
13. ジュゼッペ・アルチンボルドが描いたルドルフ二世の肖像画
14. スウェーデンを代表するインテリア・デザイン・ショップ「スヴェンスクト・テン」が誇るテキスタイル・デザインの一つ
15. ダーラナ地方の木彫りの馬「ダーラヘスト」

16

16. 国民的画家カール・ラーション
のアトリエで見かける彼の作品

17

19

17. 2015年のフィリップ王子結婚式の記念撮影（提供：The Royal Court, Sweden, Photo: Mattias Edwall）
18. 2014 年のノーベル・ディナーの雰囲気
19. そこで出されたデザート

18

まえがき

スウェーデンのことを「ヨーロッパの日本（a Japan in Europe）」と私に表現したのは、ノーベル財団のカール＝ヘンリック・ヘルディーン（Carl-Henrik Heldin, 1952〜）理事長（ウプサラ大学教授）である（二三八ページ参照）。分子細胞生物学の研究者として学術上においても日本と深い関係にある彼だが、とりわけ東京大学医学部長の宮園浩平教授[1]が若いころにウプサラ大学の研究所のドアを叩いて以来、両者は深い友情で結ばれている。

スウェーデン大使として着任して、さほど日が経っていないある日、私はヘルディーン教授と懇談する機会をもった。のちに詳しく触れるが、着任後に感じたスウェーデン人気質に日本人との類似点を見いだすと伝えたとき、彼が述べたのが冒頭の言葉である。ヘルディーン教授によれば、日本とスウェーデンは遠く離れているものの、国民性や気質には相通じるところがあり、互いの心情をよく理解しあえるという。

ヘルディーン教授が初めて訪日したとき、言語は異なるが、空港に着いたときから日本にすーっと溶け込むことができると感じたそうである。ストックホルムに着いたとき、私もまた、これまで勤務したドイツ語圏を中心とするヨーロッパ大陸の国々とは異なり、この国は親近感がもてるとすぐに感じた。

顔色の違った外国人に対しても、パン屋の店員は笑顔を絶やすことなく親切に対応してくれるといった身近な事例はさておくにしても、「和の心」や「中庸」、そして「シンプルを美しいと捉える美的感覚」や「自然を大切にする心」といった心情を、スウェーデン人は我々日本人と共有している。おそらく、ヘルディーン教授も同じ思いを日本で経験したのであろう。

スウェーデンのことは、他のヨーロッパ諸国に比べると比較的日本でよく知られている。何といっても、毎年話題になるノーベル賞が一番有名であろう。そのほかにも、福祉や教育、科学技術、児童文学、雄大な自然など、スウェーデンを紹介する本がたくさん出版されている。しかしながら、スウェーデンについてまだまだ知られていないことも多い。実際に現地で暮らしてみると、スウェーデン人のこんなことも「是非、日本人に知ってほしい」と感じることが多かった。

と同時に、スウェーデンにも多くの悩みがあることを知った。難民の急増にいかに対処し、国民に対する福祉レベルを落とすことなくどのようにして維持するか。ウクライナ・クリミア情勢以降、あからさまに繰り返されるロシアの挑発にいかに対応し、どのようにして自国の防衛政策を堅持していくか。そのために、ＮＡＴＯやＥＵとの関係をいかにして築き上げていくべきだろうか、などである。

元来、医療福祉分野では、少ない人口がゆえに歳入に一定の限界がある以上、福祉サービスへのアクセスについてはあるレベルの制限を認めざるを得ない。従来からも、大学病院などの上級医療機関では一定のスクリーニングを経た患者でないかぎり治療を受けることができないが、医療技術の高度化が進むにつれて、どこまで医療保険の対象にするかについて費用対効果を見極める冷徹な議論が現在行われている。倫理観や生死観とも関連するわけだが、人生の末期を迎える老人に対する過度の延命治療も回避される傾向にあるように思われる。

また、移民や難民の受け入れについては一貫して寛容な対応をとってきたスウェーデンであるが、受け入れに要する経費が過大になり、一般国民の福祉レベルの低下、教育現場の荒廃と学力の低下、イスラム国の過激思想に染まる若者の増大や国内治安の悪化など、そのしわ寄せが身近なところで感じられるようになるにつれて、これまでの政策に対する国民の不満が昂じるようにもなっている。

そして、極右政党が第三勢力として議会に進出を果たし、伝統的な中道右派連合と中道左派連

（1）（一九五六〜）佐賀県出身、東京大学卒。スウェーデン・ウプサラ大学癌研究所留学後、癌研究会癌研究所生化学部長。二〇〇〇年、「ペプチドの一種であるTGF−βの新しい作用機構の発見」で高松宮妃癌研究基金学術賞を受賞。同年に東京大学教授。二〇〇九年、紫綬褒章、二〇一一年、「がん細胞における細胞シグナルとその制御機構に関する研究」で学士院賞を受賞。

合が拮抗するなかで、極右政党がキャスティング・ボートを握るという政治状況も生まれるに至った。とりわけ、二〇一四年の総選挙で政権の座に返り咲いた社民党（社会民主労働党・Sveriges socialdemokratiska arbetareparti）首班の現内閣は、閣外の小政党左翼党の支持を得て成り立つ少数政権であり、その政権基盤は甚だ心もとないものとなっている。

外交官にとって、職務を進めるうえで大切なことは、任国とその国民を好きになること、そして彼らに親近感をもつことである。そうなれない場合には不幸な在勤となる。しかしながら、そのことは、決して無批判になることを意味するものではない。時には、任国を見る冷徹な目が必要とされ、常に国益に沿った対応が求められる。

その点で言えば、外交官生活の最後を締めくくる任地としてスウェーデンを得たことは望外の幸せとなった。そこで見聞したことは、「ヨーロッパの日本」と称されるこの国の特質と同時に、そのことが際立たせるヨーロッパの多様性を私に再認識させてくれるものでもあった。

以下では、私の体験を供することで、この魅力ある国を紹介していくことにしたい。

もくじ

日本国大使公邸の所在するユシュホルム地区の夏至祭風景

第2章　高度の福祉国家　43

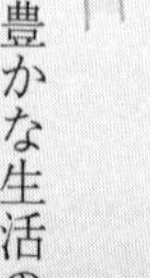
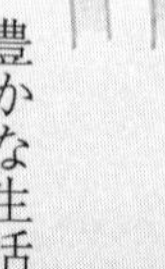
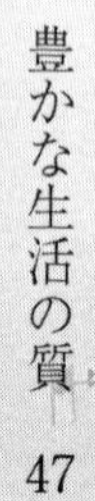
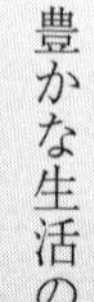
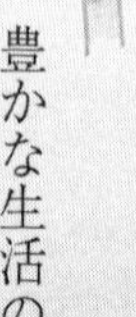

第7章 進んだスウェーデンの原子力エネルギー政策とイノベーション——経済的合理性 125

第8章 ノーベル賞と「ノーベル・プライズ・ダイアログ」 139

第9章 地方の魅力 159

スウェーデンが見えてくる——「ヨーロッパの中の日本」

序章

冬のストックホルム

ヨーロッパ大陸の北、スカンジナビア半島の中央に位置する国、それがスウェーデンである。在勤当時、日本と比較する場合、私は分かりやすく単純化して、数字の「1」と「2」をキーワードにして来訪者に説明していた（当時、円とクローナの為替レート［一クローナ＝約一五円］が念頭にあった）。すなわち、日本の一・二倍の国土を有するが、人口はその一二分の一である一方、一人当たりの国民総生産は日本の一・二倍もある豊かな国である、と。

首都であるストックホルムは北欧では比較的大きな街であるが、それでも人口は全体の一〇分の一に相当する九〇万人余りでしかない。この首都は、日本の北海道よりもはるか北、サハリン島を越えてさらに北のオホーツク市とほぼ同じ緯度にあるので、夏は快適であるが短く、長い冬の寒さは、時にかなり厳しいものとなる。

氷河期が明け、その氷河が削り取った岩山が各地で見られ、海岸線は日本のリアス式海岸のように入り組んだ多数の湾を擁する点が特徴となっている。人々が好んで夏の別荘や住宅を建てる「アーチペラゴ」と称される群島も数多く点在している。とにかく広大な土地なので、都市を一歩出ると民家が周囲に見当たらないという所がたくさんある。シカ、ウサギ、リスといった動物に出くわすことはしょっちゅうである。

こんなスウェーデンに二〇一三年一一月一〇日に着任し、外交官の仕上げとして約二年間を過ごすことになった。思えば、外交官人生四〇年余りの半分を海外で過ごし、その半分以上を過ごして体になじんだヨーロッパに再び戻れたことを幸運と感じながら、妻とともに赴任した。

機窓から眺めるアーチペラゴ

人々は温かく我々を迎え入れてくれたが、「あなた方は最悪の時期に赴任した」と口々に語っていた。ちょうど、冬至に向かって日がどんどん短くなっていくころだったのだ。たしかに、太陽は午後三時を過ぎると沈んでしまい、朝も午前八時近くにならないと陽は昇ってこない。太陽は東から昇って西に沈むというよりは、南の地平線上を東から西へほぼ辿るように移動するといった具合だ。このような現象も、この地で初めて知った。

ただ、ドイツやオーストリアの冬を知る我々にとっては、人々から言われるほどの苦痛ではなかった。とくに、着任後は明るい日中の日差しが数日にわたって続き、我々の到着を歓迎してくれるかのようであった。

バルト海に注ぐメキシコ湾流の影響もあるのか、赴任した年は暖冬で、東京の気温のほうが低いという日が続くこともあった。本格的に雪が降ったのはわずか三回ほどであり、クリスマスもホワイト・クリスマスとはならなかった。これがまた地元の人には不興であった。その理由を尋ねると、「雪が降ると街が明るく、きれいだから」とのことであった。

たしかに、雪が降ったほうが夜は明るいし、

冬の時期に大使公邸からバルト海に連なる湾（Samsöviken）を望む景色

しんしんと降り注ぐ雪は周りの景色を幻想的にもしてくれる。とはいえ、その後の除雪剤と泥混じりのグチャグチャ道はたまらないので、やはり雪が少なかった初年はありがたかった。かつては大雪が降った冬もあったそうだが、温暖化が着実に進んでいるのか、在勤中は比較的暖冬であった。

外交官になり立てのころ、ヨーロッパの人々は靴が汚れていたり、すり減っていたりするとだらしないと考えるので、注意する必要があると教えてくれた先輩がいた。たしかに、四六時中、靴と一緒の生活ということが基本となっているヨーロッパ大陸の国では、特段おしゃれな人でなくとも靴には気を遣うという人が多かった。

ところが、スウェーデンではだいぶ様子

2014年の市内のクリスマス・イルミネーション。その年の日本人のノーベル賞受賞で話題となったLED ライトで飾られたデコレーションが美しい

が違った。靴底が革のものを履こうものなら、冬場は滑って大変危険である。したがって男性の場合、ゴム底でブーツかスポーツタイプの靴が主流となっている。汚れもあまり気にしていないようだし、ドイツのように家の前の雪かきが各戸の義務になっていないので、降り積もった雪はすぐに泥まみれになる。そんなことに構ってはいられない、というのが本音かもしれない。

冬の時期、社交で本当におしゃれな靴を履く必要があるときは、その靴をビニール袋に入れて持参し、玄関口で履き替えるというご婦人方もしばしば目にした。

そもそもスウェーデンでは、自宅に入るときには靴を脱ぐことにしているという家庭が多い。靴の汚れをあまり気にせずに済むからだが、この点は日本人にとっても親しみのもてる行為となる。妻が気付いたのだが、高級住宅の販売広告で、家族が寛ぐ居間での団欒の様子がみんな靴下姿であったことに思わず微笑んでしまった。おそらく、この広告は、他国のヨーロッパ人の目には若干奇異に映ることであろう。

由緒ある日本国大使公邸と隣人たち

大使公邸は、スウェーデン市内から三〇キロメートルほど離れた郊外、ダンデリード市（Danderyds kommun）のユシュホルム地区（Djursholm）にある。ここは、バルト海の入り江に面した、静寂で高級な住宅街である。

公邸の由来については、かつてスウェーデンに勤務していた藤井威大使の著書『スウェーデン・スペシャル（Ⅰ）』（新評論、二〇〇二年）に詳しいが、一九〇七年にノルウェーの商人ホーコン・ブリュン（Håkon Bryn）によって建てられたこの館は、一九四一年に一度焼失している。ただ、骨組みと建物の一部が焼け残ったことから、ほぼ原型通りに再建されている。

日本の外務省がこの建物を国有財産として購入したのは一九八二年のことであるが、それまでは、実業家として成功したパーシー・バーネヴィック（Percy Bernevik, 1941～）氏が住んでいた。同氏は、スウェーデンの「アセア社」とスイスの「ブラウン・ボベリ社」の合併を実現して「ＡＢＢ社（Asea

由緒ある日本国大使公邸

Brown Boveri Ltd.)」とし、同社をインフラ・プロジェクトや重機械を得意とする世界的な企業に育て上げた人物として有名である。

公邸の建物はその後改築が加えられ、今となっては使い勝手の悪い居住空間もあるが、来客を接遇するための公的なスペースが十分にあって、外交活動を行うには最適の大使公邸となっている。

ストックホルムの外交団や政府の関係者からも

ニナン・サンテソンの作品といわれる木造の人形像

アクセル・ニルセンが描いたとされる玄関天井部分の狩りの様子

その優れた環境が称賛されているが、私がとくに好きなのは、玄関入り口に立つ人形像と室内の天井画である。前者はニナン・サンテソン（Ninnan Santesson, 1891～1969）、後者はアクセル・ニルセン（Aksel Nielsen）の作品といわれている。サンテソンの作品は、どこかゴーギャンの住む世界を想起させるし、ニルセンの作品は昔のスウェーデン人の素朴な生活を髣髴とさせてくれる。

実は、プライベートゾーンとなるバスルームにもう一つ好きなものがある。作者は不詳であるが、人魚と戯れる青年がモチーフになった年代物のタイルであり、いかにも趣がある（口絵参照）。

周囲にはスウェーデンで成功した人々が多く住んでいるのだが、日本でも知られている二人を紹介しておこう。

公邸前の湾に浮かぶ小島に建てられた家には、スウェーデンが生んだ世界的ポップグループ「ABBA」の元リーダーであるビョルン・ウルヴェーウス（Björn Ulvaeus, 1945～）氏が家族と一緒に暮らしている。引退後も音楽や社会奉仕活動など幅広い分野で活躍しているビョルン氏が、

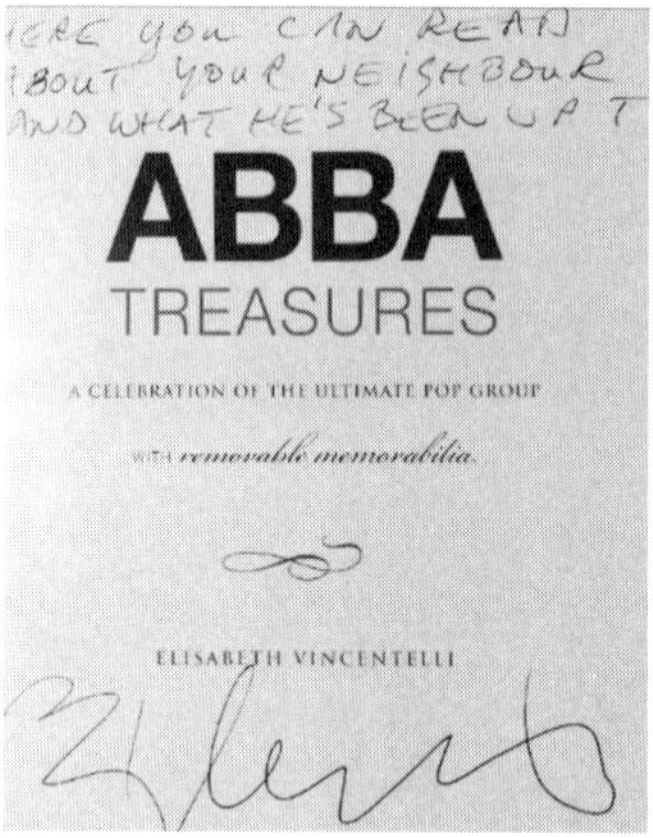

ウルヴェーウス氏のサインが入った
ABBA保存版の表紙ページ

二〇一四年の天皇誕生日レセプションに夫妻で顔を出してくれたとき、彼からサインの入った「ABBA」に関する保存記念版（ABBA TREASURES, 2010 Omnibus Press）を受け取った。「ABBA」については、ストックホルム市内にある「ABBAミュージアム」とともに最終章で改めて紹介したい。

もう一人は、作家のヴィヴェカ・ステン（Viveca Sten, 1959～）女史だ。スウェーデン・ミステリーの世界には、世界的ベストセラーになった『ミレニアム』[1]がすでに存在している。最近では「北欧推理小説」というジャンルもあり、日本でもファンが増えているそうだが、ステン女史の『静かな水のなかで』『煌めく氷のなかで』『夏の陽射しのなかで』という三作品も邦訳出版されている。[2]

もともと弁護士であった彼女だが、ご主人も弁護士であるという。郵便会社の法務部で働く傍ら、自らの文才に目覚めて作家に転じたそうである。子育てをしながら家庭を築き、職業婦人として活躍するステン女史は、まさにスウェーデン女性の典型といえるだろう（最終章参照）。

（1）（Millennium）スウェーデン作家スティーグ・ラーション（Stieg Larsson）による推理小説。『ドラゴン・タトゥーの女』『火と戯れる女』『眠れる女と狂卓の騎士』からなる三部作だが、二〇一五年、ダヴィッド・ラーゲルクランツによる続編『ミレニアム4　蜘蛛の巣を払う女』が出版されている。邦訳書は、ともに早川書房。

（2）すべて三谷武司訳、ハヤカワ・ミステリ文庫、掲載順に、二〇一三年、二〇一四年、二〇一四年の発行。

メイデーに行われるボンファイヤー。春の訪れを祝うというが、日本人の感覚ではまだまだ寒い。奥に見える建物はストックホルムの市庁舎

第1章　スウェーデン社会を特徴づけるもの

1　「ヨーロッパの日本」を感じさせるスウェーデン人気質

日本とスウェーデンは、ユーラシア大陸を挟んで八〇〇〇キロメートル余り離れている。典型的なスウェーデン人というと、我々日本人は「金髪碧眼」を想像し、およそ類似点は見いだしがたいと考える。しかし、実際ストックホルムで生活をはじめてみると、両国の国民性にはいろいろな意味で類似点が多いことに驚かされた。

「和を以て貴しと為す」と「中庸」

スウェーデン人は、ヨーロッパのなかにあって奥ゆかしい人々が多い。スウェーデン語には、

「和を以て貴しと為す」の響きに似た「ヤンテの掟（jantelagen）」という言葉がある。もともとはデンマーク語、ノルウェー語の「janteloven」に由来するとされているが、作家アクセル・サンデモース（Aksel Sandemose, 1899~1965）がデンマークの小さな村「ヤンテ」に付けた名前だといわれている。そこでは、誰もが村の構成員を知っており、気心の知れた仲間同士であり、他者との違いを強調することは美徳でないとされている。

また、日本語の「中庸」に相当する「ラーゴム（lagom）」という言葉もあり、何事も「ほどほどがよい」と考えるのがスウェーデンの人々である。日本には「出る杭は打たれる」という諺があると説明すると、「スウェーデンにも類似の表現があるのでよく分かる」と頷く。

このようなスウェーデン人気質は、北欧に来て知った新たな発見であった。また、この気質はスカンジナビアに共通するようで、ある人に言わせると、フィンランドに行くともっと日本に近くなるという。スウェーデン語と異なり、フィンランド語と日本語はともにウラル・アルタイ語に所属することが関係しているのだろうか。

ウプサラ大学で医学の教鞭を執り、ノーベル財団の理事長を務めるヘルディーン教授は大の親日家であり、「まえがき」で述べたように、宮園浩平東京大学医学部長とは古くから友人同士である。日本人にまつわるヘルディーン教授のエピソードを紹介しよう。

彼の研究室には世界中の若手研究者が弟子入りを求めてやって来るわけだが、彼の言によれば、アメリカ人の研究者は「自分を採用しなければ、先生の研究室、ひいては世界の科学の進歩にとっても大きな損失になろう」といった類のプレゼンテーションを行うそうだが、日本人の学者はまず「自分の研究はかくも些細なものであるが、採用された暁には一生懸命頑張ります」とアピールする場合が多いらしい。

ところが、実際にその日本人を採用してみると、その実力たるやヘルディーン教授も驚くようなことが多く、プレゼンテーションとの格差に思わず笑ってしまうそうだ。若き研究者だった宮園教授が、このようにして彼の門下に入ったのかどうかは知らない。

ヘルディーン教授

本書の冒頭で紹介したヘルディーン教授の「スウェーデンはヨーロッパの日本ですよ」という言葉は、このようなことが理由となって発せられたのかもしれない。

シンプル・イズ・ビューティフル

両国の類似点を挙げるとまだまだたくさん出てくる。北欧家具は今や日本でも有名であるが、「シンプルは美である」という審美眼も日本とスウェーデンに共通しているものだ。

王宮やかつての貴族の館に行くとバロックやロココ様式の装飾もあるので、スウェーデン人の美意識が昔からそうであるのかどうかはよく分からないが、第二次世界大戦後の経済発展に伴って人々の生活が豊かになっていく過程で、モダンな都市生活空間において機能美が追求され、北欧家具に象徴される「シンプルさ」が好まれるようになったと思われる。

一大林業国であるスウェーデンでは、家具も木目調のものが好まれている。値段は張るが、合板ではない一枚の板からつくられたものである。日本でも有名になった「IKEA」は、そこから出発して、若者の好みも取り入れ、合板を活用して価格的にも手ごろなものにして世界市場で大成功を遂げている。[1]

北欧博物館所蔵の「家具の機能美」を示す1965年の写真（撮影：Karl Erik Granath）

自然との調和

自然を愛する心、また自然との調和を尊重するという気風も共通している。日本の一・二倍となる国土に我が国の一二分の一の人口しかいないのだから、とにかく自然が豊かである。ストックホルム市内を歩いていても、東京のように多くの人々に出会うことがなく、散歩を楽しめる所がいっぱいある。公邸の周りでも、バルト海沿岸の自然を満喫しつつ、思索にふけりながら散歩道を歩くことも可能となっている。

在京大使館で勤務したことのあるカイ・ファルクマン（Kai Falkman, 1934〜）大使が、「日本人の名字を覚えるのはそんなに難しくない」と私に述べていたが、その秘訣は、名前を自然に結び付けて考えるということだった。

たしかに、「大川さん」は「big river」、「横田さん」は「beside the rice field」であり、私の姓である「森元」は「forest origin」となる。スウェーデン語の姓にも、リンドクヴィスト（Lindqvist）王宮府長官（二一四ページ参照）のように「菩提樹の枝」さんや、ビョルクルンド（Bjorklund）自由党党首の「樺の林」さんといったように、自然に因んだ名前をよく見かける。

(1)『イケアとスウェーデン――福祉国家イメージの文化史』（サーラ・クリストッフェション／太田美幸訳、新評論、二〇一五年）を参照。

　このような感性を反映してか、スウェーデンでは茶道、生け花、盆栽、焼き物など日本の風情や文化に関心を示す人が少なくない。これらが素材を生かした和食が好まれる背景でもある。二〇一六年のノーベル賞授賞式会場の花飾りは日本の生け花からインスピレーションを得たものであったし、ノーベル・ディナーも和食にヒントを得たアレンジとなっていた。日本人の感性はスウェーデン人にも容易に理解され、受け入れられている。

家庭では靴を脱ぐ

　家の中で寛ぐとき、靴を脱ぐのも日本と共通している文化であることは先に述べた。私が外交官として勤務した国のなかで、同じ風習があるのはトルコだけである。スウェーデンでは、家に入ると靴下のままだったり、室内履きだったりと個人差はあるが、日常生活においては、外で履いた靴をそのまま室内に持ち込むということはしない。

2014年のノーベル・ディナー会場の雰囲気

　スウェーデン人にとっての家庭の重要性についてはのちにも触れるが、彼らのこの靴を脱ぐという行為が、私には「家に入ったら、社会で身に着けていた裃（かみしも）を脱ぐ」という意味合いに思われてならない。スウェーデン人も、「本音」と「建前」の使い方がうまい国民ということだ。

客を招いたときは靴を履いたまま招じ入れられることが多いが、靴を脱ぐかどうかは、その主人（host）および主夫人（hostess）との距離感を示すようで面白い。長年にわたって勤務したドイツでは、通常、親しい間柄でも「玄関で靴を脱げ」と言われるようなことはない。これには、それなりの理由がある。おしゃれに関して、頭の先からつま先までトータルにバランスを取って考慮されているからだ。靴を脱いでしまうと、背広を着た状態で舞台に立つ漫才師のようになってしまって、見た目、ちょっと「しまりのない感じ」がするのだ。

昔、若き外交官だったころ、自宅に招いた日本人カップルに入り口でスリッパに履き替えるかと尋ねたとき、ドイツに長年暮らしているこの芸術家夫妻は丁寧にこれを拒んだ。それ以後、在外に勤務するかぎり、日本人客であっても玄関でスリッパに履き替えてもらうことはやめた。

家庭内で見られる些細なことだが、寝具がアメリカのようにシーツ一枚でなく、日本のような掛け布団タイプを使用することも類似している。これはドイツも同様である。ただ、枕はドイツのように四角形のふんわり羽毛タイプではなく、スウェーデンのそれは日本のサイズに近く、かつ固めのものが好まれている点も似ている。

外国人に対する寛容の精神

外国人に優しく接してくれることも、日本に似ているように思う。パン屋の店員やスーパーのレジ係も、総じて笑顔を絶やすことなく対応が親切である。路上を歩いていても、外国人である妻や私に道を尋ねたり、話しかけたりするスウェーデン人が結構いる。

スウェーデンは人道主義を高く掲げ、これまで難民も広く受け入れてきたので、外国由来のスウェーデン人が国民全体に占める割合は二割近くに達しようとしている。そんなことから、外国人にあまり違和感がないのかもしれない。ただ、この難民・移民をめぐる問題が、近年は内政上の大きな問題になりつつある（五八ページで詳述）。

そんなわけで、多くのスウェーデン人が初めて日本を訪問してもあまり違和感なく日本社会に溶け込むことができるのかもしれない。先のヘルディーン教授も初めての日本訪問でそう思ったそうである。「まえがき」で述べたように、同様のことはスウェーデンにやって来る日本人にも当てはまるようだ。少なくとも妻と私は、ストックホルムで暮らしはじめてすぐにそう思った。

ユーラシア大陸を挟んで遠く離れているにもかかわらず、このような類似性はどこから来るのだろうか。スウェーデン語は、日本語とは似ても似つかない。むしろ、ドイツ語との類似性のほうが多いといえる。初めての北欧での勤務は、「ヨーロッパ」とくくられる民族や国家が実は多様であること、またその多様性がヨーロッパに強みをもたらしていることを感じさせてくれた。

2　スウェーデン人気質を反映した高い規範意識

子どもの人権に対する絶対的な配慮

スウェーデンの人々は規範意識が高い。人道主義に立脚した多くの外交政策にもそのことが反映されているわけだが、国内でも目を見張るような政策が取られている。

スウェーデン家庭において子どもの存在が大きな役割を占めていることは、のちに述べるように、両親が離婚した際の子どもに対する配慮が行き届いていることでも明らかである。スウェーデンでは、子どもに対する暴力に対しては厳しい措置が取られている。子どもに対する体罰や暴力を、世界で初めて一切禁止した国といわれている。

滞在中、外国人家庭に関する注目すべき出来事があった。マレーシア大使館の広報センター職員であるマレーシア人の子弟が、「両親から暴力を振るわれた」と学校で教師に告げた。この職員はマレーシア本国から派遣されていたが、外交官としては登録されていなかったので特権免除を享受する立場にはなかった。そこで、スウェーデン当局が介入することになり、両親は子どもに対する暴力の廉（かど）で裁判にかけられ、それぞれ一年余りの禁固刑に服することになった。

収まらないのはマレーシア大使である。

「アジア的環境では、親が子どもの躾のために体罰で指導することがある。かつてイギリスでは、鞭まで使ってそうしていたではないか。ほかにも幼い兄弟が数人いるのに、彼らを両親から一年以上も引き離すほうがよっぽど非人道的というものだ」

と、憤懣やる方ないという様子で状況を説明してくれた。

これに対するスウェーデン側の説明は、子どもに対する暴力は家庭という私的領域を越え、行政当局が介入すべき社会的事案であり、親と引き離された子どもたちについては行政が責任をもって対応する、というものであった。

同じく子どもの人権を守るという視点に立って、スウェーデンでは、早くから児童ポルノは単純所持を含めて違法となっている。また、幼児に対してカメラを向けることにも慎重である。

ある年、日本人会が主催する「桜祭り」のファッションショーで着物姿にキツネのお面を着けた小さな女の子が出演したので、お面をはずした彼女の愛くるしい様子をカメラに収めて、大使館のホームページに掲載しようと考えた。すると、現地の人から、「スウェーデンでは不特定多数の目に触れる子どもの写真をマスメディアに掲載することは、本人（ないし親権者）の了承がないかぎり不可」と言われ、このアイディアはボツとなった。

とはいえ、スウェーデン社会でも家庭内暴力や子どもの虐待が深刻な問題となっている。ただ、このような問題に対する行政や社会のアプローチがアジアとはかなり異なるように思われる。そこでは、弱い立場にある子どもの人権保護が最優先となっており、行政が積極的に介入して、社会にとっての不利益や不公平を構成員の間で応分に負担しあって、問題の解決に取り組もうとする姿勢が看取される。

スウェーデンに三〇年以上暮らしている三瓶恵子さんが、『人を見捨てない国、スウェーデン』（岩波ジュニア新書、二〇一三年）という著書で、「日常生活を送る機能が低下している人々のためのセーフティー・ネット」の数々について紹介している。そこでは、国民は自らが負担している高い税金がどのように活用されているのかを目にすることができるので、納得して税金を納め、必要とされるのであればさらなる増税も厭わないとなっている。国民の高い規範意識がこれを支えている、と言ってもいいだろう。

桜祭りで見かけたキツネのお面を着けた女の子（中央女性の右）

再配分を通じた所得格差の是正

富が一部の社会層に集中し、貧困層との所得格差が拡大するという傾向は先進国に共通することである。所得格差を比較する際に用いられる「ジニ係数（Gini Coefficient）」の国際比較をOECDの統計（二〇〇九年～二〇一二年）で見ると、以前ほどの格差の少なさは目立たなくなったものの、スウェーデンは対象三五か国中「〇・二七三」と第九位であり、**図1**に見るように、他国に比べて格差の少ないことが分かる。

第一位のスロベニアと第五位のチェコを除くと、上位はノルウェー、アイスランド、デンマーク、フィンランドなどの北欧諸国が占めている。これら諸国の所得再配分にかかる規範意識の高さが示されているようで、非常に興味深い。

少ない腐敗

北欧は、腐敗の少ない国々が存在することでも知られている。国際的な非政府独立組織「トランスペアレンシー・インターナショナル（Transparency International）」が一定の方式に基づいて「腐敗認識指数（Corruption Perceptions Index）」を毎年発表しているが、例年、北欧諸国は高い数値で示されている。上位であるほど（＝一〇〇に近いほど）清廉であり、下位であるほど（＝〇に近いほど）腐敗が進んでいることを示している。二〇一六年の公表結果のベスト10は、

図１　ジニ係数（所得格差）の国際比較（2009～12年、OECD諸国＋ロシア）

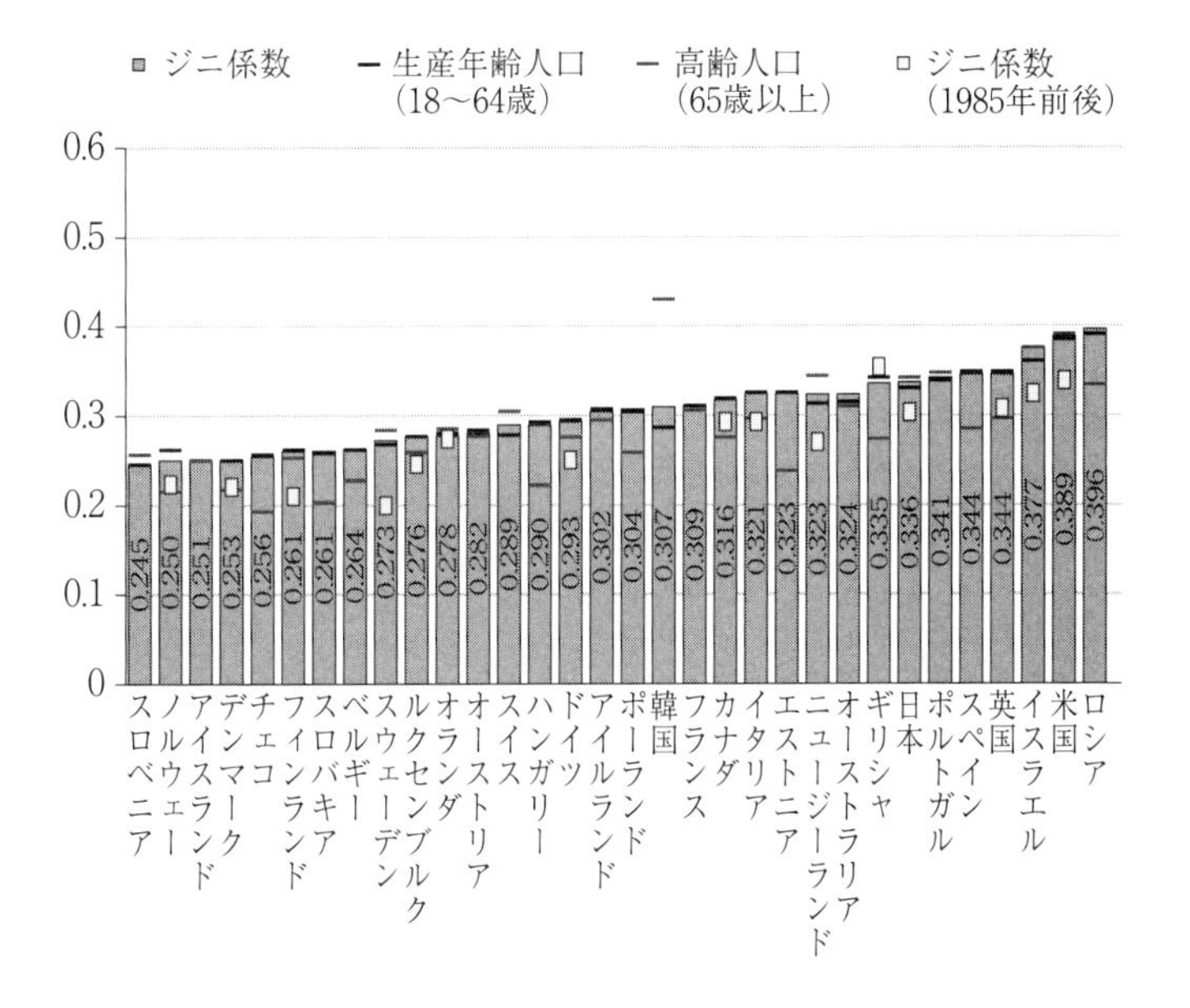

（注）OECD Income Distribution Database による。世帯員数で調整された等価可処分所得（equivalised household disposable income）のジニ係数（Gini coefficient）。可処分所得は年金収入等の社会保障給付を含み税・社会保険料は引いた後の所得。国の並びはジニ係数（数値表示）の低い順。ジニ係数は「０」が完全平等、「１」が完全不平等を表す。

（資料）OECD Stat 2015.2.14

表１　腐敗認識指数の国際比較

順位	国名	2016年	2015年	2014年	2013年
1	デンマーク	90	91	92	91
1	ニュージーランド	90	88	91	91
3	フィンランド	89	90	89	89
4	スウェーデン	88	89	87	89
5	スイス	86	86	86	85
6	ノルウェー	85	87	86	86
7	シンガポール	84	85	84	86
8	オランダ	83	87	83	83
9	カナダ	82	83	81	81
10	ドイツ	81	81	79	78
10	イギリス	81	81	78	76
10	ルクセンブルク	81	81	82	80
18	アメリカ	74	76	74	73
20	日本	72	75	76	74

出典：Corruption Perceptions Index 2016, Transparency International

表1のとおりである。上位をヨーロッパの先進国が占め、なかんずく北欧諸国が目につくといってよい。

なぜ、北欧諸国で腐敗が少ないかについては、いくつかの理由が考えられる。一つには、国のサイズが小さいので、いわば効率のよい統治が行われていることがある。スウェーデンは北欧諸国のなかでは最大の人口を抱えているが、それでも東京都の人口を下回る九〇〇万人台でしかない。ちなみに、予算規模は東京都とあまり変わらない。

スウェーデンの国民は教育や福祉の充実を国に求めるので、勢い「大きな政府」になりがちであるが、国民に対するサービスの水準が低下するぐらいなら、その充実のために増税を厭わない人々であることはすでに言及した。それだけに、国民の政府に対するチェックの目も厳しく、国政を託すことになる総選挙の際には、常に投票率が八〇パーセントを上回ることになる。

権力は腐敗するということを、歴史において身に染みて学んでいるのも北欧諸国の国民である。その好例が、国王の現在の地位に示されている。スウェーデン国王には、今や国家元首としての象徴的な意味合いしかない。首相を指名する権限すら国会議長に移譲されており、国王には儀典的な役割しか残されていない。

このような土壌のもとでは、平等の精神が広く行きわたり、政治家や閣僚に対する特権的な立場は極力制限されることになる。首相がアウディの防弾仕様を公用車としているのを見かけたことはあるが、すべての閣僚に公用車が支給されているわけではないようだ。

私も国会で議員と会談することがたびたびあったが、彼らには運転手付きの乗用車がないので、場所を移して懇談を継続するときは旧市街地区を徒歩で移動していた。事実、電車やバスで国会に通う議員も多いし、車を利用する場合でも自ら運転をしている。

もともと、国会議員は名誉職的な性格が強く、兼職が可能となっている。国会のホームページで調べると、給与は月額六万三八〇〇クローナ（二〇一六年末時点。一クローナ＝一五円で計算すると約九四万円）となっており、もちろん、これも課税対象となっている。

スウェーデンでは、行政の恣意的な行為に対して市民が異議を申し立て、政府の立場からは独立した機関が判定するというオンブズマン制度が発達してきた。今日では、オンブズマン制度の対象は政府などの公的機関にとどまらず、男女平等、子どもや障がい者、消費者、人権など多岐にわたっている。このような「国民の英知」ともいうべき制度が、スウェーデンにおいて腐敗の少ないことに貢献していることは間違いない。

女性の社会進出が進んでいること、なかんずく政治に携わる女性の比率が高いことも世間の腐敗に対する厳しい目を醸成するうえにおいて役立っていると思われる。二〇一四年の総選挙の結果、議会に占める女性議員の割合は四四パーセントとなった。また、首相を含む全閣僚二二名の半数、副大臣の六〇パーセントが女性によって占められている（二〇一六年二月時点）。組織内において女性の比率が高い場合、男性が圧倒的多数を占める組織とは異なる社会意識や行動規範が形成されるといってよいだろう。

高い規範意識を反映した諸政策

スウェーデン国民の高い規範意識は、対外的にも示されている。難民や孤児を世界から数多く受け入れていることについては前述したが、途上国を支援する政府開発援助（ＯＤＡ）は、国民一人当たりにするとスウェーデンが世界一となっている。

国連は、二〇一五年までに世界の貧困人口を半減させるための目安として、ODAの国民総所得（GNI）比を〇・七パーセントに引き上げるよう勧告している。OECDの統計によれば、二〇一五年におけるスウェーデンのODA実績支出純額（暫定値）は七一億ドルで世界第六位、対GNI比では一・四〇パーセントで世界第一位であった。ちなみに、同年の日本の実績は九三億ドルで、アメリカ、イギリス、ドイツに次いで世界第四位であるが、対GNI比では〇・二二パーセントで世界第一八位となっている。

同じ発想のもとでつくられたスウェーデン国内の仕組みにも注目すべきものがある。たとえば、市民が犯罪に遭遇した場合や離婚のケースで、加害者や非のある配偶者が他方に対して十分な補償を行わない場合などにおいては、国が一定額を補填する、という充実した国家救済制度が挙げられる。

いかなるケースの場合も、損害を与えた者に対して国が返還請求を行い、行政代執行も辞さない仕組みとなっている。こうして国が立て替えた代金については、着実に取り戻して当該者を効率的に救済し、資金を社会の構成員の間で公平に配分することによって社会全体の調和を保とうとする制度設計になっている。

そういえば、スウェーデンは、売春と買春の双方を法律で禁止することにした世界最初の国でもある。売春については、サービスの提供者が処罰されるというよりは、売春宿を形成したり、売春者を管理したりする者が処罰の対象となっている。スウェーデンにならって買春を禁止する動きは他のヨーロッパ諸国やカナダへも広がりを見せており、規範意識の高いこの国が先導役を務めているかのようである。

ドイツの大きな街に行くと、あちこちでセックスショップを見かけるが、スウェーデンの街中でこれを目にすることはまずない。ストックホルム市内の特定路上には怪しげな場所があるとのことだが、そこで商売に携わっている人々は他国からやって来た人が多いという。

3 透明性の高い社会

義務であるマイ・ナンバー

社会の透明性が高いことも、腐敗を惹起（じゃっき）しにくい環境を生み出している。スウェーデンでは国民認証番号制度が徹底されており、マイ・ナンバーは義務となっている。一九四七年以来、個人認証番号（Personal Identification Number）制度が導入されており、私のような外国人にも取得が義務づけられている。

マイ・ナンバーは、生年月日を記載した八桁の数字に、ランダムな四桁の数字が並ぶものである。携帯電話を購入する際にも個人認証番号証の提示を求められる。逆にいえば、身分証明書なくして携帯電話を手に入れることができないということである。

私の場合、二〇一三年一一月一〇日にスウェーデンに着任したが、携帯電話を入手できたのは、何と翌年の一月八日であった。こんなにも長くかかったのは、クリスマスを挟んで外務省による外交官身分証明書と個人認証番号証の取得に時間がかかったからである。

スウェーデン人から名刺をもらうと、そこには職場の電話番号およびファックス番号、携帯番号、メールアドレスが書いてあるというのが通例となっている。職務柄、何人もの閣僚から名刺をもらったが、唯一、携帯番号の記載のないという名刺はカール・ビルト（Carl Bildt, 1949〜）外相のものだけであった。

国会議員や職員に至っては、統一のフォーマットに従って、これらの諸情報に加えて顔写真が名刺に掲載されている。顔写真があると名前と人物を容易に結び付けることができるので、これは大いに重宝した。

スウェーデンでは、政治家のような公人だけでなく、一般市民についてもコンピュータを利用すればプライバシーについてかなり調べることが可能となっている。住所、電話番号、家族構成、所得などが、その代表例となる。個人認証番号制度が対象とするデータが、一定の範囲で公表されているからだ。

カーテンを閉めない風習

日常生活でも、文字どおり透明性が要求されるのもスウェーデン社会の特色といってよいだろう。端的な例としては、ほとんどの家庭でカーテンを閉めることがない。ドイツでもその傾向があり、同国に暮らしていた当時は、室内装飾の優れた家庭がこれ見よがしに示しているのだろうという印象をもった。

スウェーデンの場合、冬は午後三時を過ぎると暗くなり、翌朝も八時前までは明るくならないので、外の光を少しでも入れるためなのかと思ったが、どうやらそうでもなかった。暗くなっても、通りに面した各部屋の窓は中が見えるようにしているし、意図的に窓辺に明かりを灯している。夏は明かりを灯す時間が遅くなるだけで、採光を理由としたものではない。妻が知人のスウェーデン人から聞いたところでは、部屋にやたらカーテンを引くと、何かやましいことや疑わしいことがあるのではないかと思われるということであったが、興味深い発想である。

冬場によく見られる窓辺の明かり

4 効率性の高い社会

スウェーデン人は、職場で効率よく仕事をする。労働人口が少ない分だけ、一人ひとりの高い生産性で全体の効率を上げようとしているのであろう。産業セクター別に見ると、いくつかの典型的な例として省力化がかなり進んでいる分野がある。その筆頭となるのが銀行だ。

ストックホルム市内に位置するハンデルス銀行（Svenska Handelsbanken）やＳＥＢ銀行（Skandinaviska Enskilda Banken）のような比較的大手銀行の支店でも、窓口で顧客の対応をするスタッフはほんの数人しかいない。目に入ってくる他の行員はひたすら自分の仕事をしており、カウンターに顧客の列ができていてもお構いなしである。さすがに窓口対応に支障を来すようになると手助けを求める声が発せられることがあるが、ようやくこの時点で、「仕方ないなー」といった風でおもむろに腰を上げるというのが普通である。

基本的にスウェーデンの銀行は、預貯金だけでなく信託や株式、ローンに至るまで幅広く対応しているので、現金の預け入れや引き出し、また送金の類はＡＴＭやインターネットを通じて利用者自身で対応するように求められている。将来的には、支店窓口での現金の取り扱いを停止すると公言している銀行もあるし、実際にその傾向が進んでいるため、政府が急激な現金の取扱停止を控えるように呼び掛けているぐらいである。

こうなると、コンピュータと無縁のお年寄りなどは一体どうなるかと心配もしてしまう。時折、カウンターで老人がいろいろと質問をしているために後ろで長く待たされることがあるが、日本の銀行の窓口のように、お年寄りが番号札を持って列を成すというような風景はまず見かけたことがない。

では、顧客にとって銀行のサービスが日本に比べて劣るかといえばそうではない。スウェーデン社会は電子マネー化が進んでいるため、人々はあまり現金を持ち歩かない。デビットカードの機能をもつ銀行カードを、携帯電話のカバーに忍ばせているだけという人もいる。このカード一枚で、コーラ一本、ベーグル一個のようなものまで買うことができるし、そのまま銀行の預金口座の記録に残るので、これを家計簿代わりにすることもできる。

銀行では、デビットカードの引き落としが行われる「一般口座（Allkonto）」のほかに同じ名義で異なる番号の口座を自由につくることができるので、用途に応じて、「貯蓄用（Saving）」とか「旅行用（Travel）」などと自分の好きなファイル名を付けておけばよい。重要なことは、仮にカードを紛失して悪用されたとしても、「一般口座」以外には影響が及ばないという点である。

カードについても、手元にあるコンピュータのボタン操作一つで、海外での使用を止めたり、ネットでの購入のための利用を停止したりすることができるので、安全確保のための手立ては整っている。また、送金についても、いちいち送付先と口座番号を指定しなくても、七桁の数値を入れれば特定される「Bankgiro」と呼ばれる仕組みがある。海外への送金も、所要のデータをあらかじめ登録しておけば、コンピュータの画面上から即座に行うことが可能となっているので便利である。

国民認証番号制度が整っており、個人の特定が容易に行われることもあって、「振り込め詐欺」のような事件はあまりスウェーデンでは話題にならないが、コンピュータを利用した犯罪があることは捕捉しておく。

スウェーデンの銀行取引では、ワンタイム・パスワードが一般的に使用されている。口座を開設すると小さな器機とチップの入ったカードを受け取るのだが、これを利用して、その都度変わる番号と事前に登録してある秘匿番号を組み合わせて自分の口座にアクセスする。何度か入力を間違うとアクセスできなくなるので、カードそのものの再発行が必要となるが、それもほんの数日で行われている。

飛行場に行くたびに、スウェーデンでは省力化が徹底していることを思い知らされる。スカンジナビア航空（SAS）の乗客は、国際線も国内線も直接カウンターに向かうのではなく、まず自動発券機の所へ行くように促される。そこで、発券のときに得たコードを自分で入力して、搭乗券をまず入手する。次に、これをカウンターに持参してチェックイン荷物を預ける。このようなこともあって、国内線のカウンターにはほんの数人が対応にあたっているだけである。

　他の航空会社はまだそこまで行っておらず、直接カウンターに荷物を持っていくことも可能である。またＳＡＳでも、国際線などの場合、直接カウンターに直行してもチェックインが断られるわけではない。ただ、考えてみれば、いきなり行列に並ぶよりはあらかじめ搭乗券を自分で確保して、専用カウンターに行くほうが効率的であるといえるかもしれない。

　ストックホルムとヨーテボリの二つの都市については、市内から近郊に伸びる高速道路を利用するときには「渋滞税（congestion tax）」と称する渋滞の緩和と環境への配慮を目的とした使用料金を支払う必要があるが、料金徴収所やゲートはどこにもない。道路上に設置されたカメラが各車両のナンバープレート番号を読み取り、一定期間ごとに請求書が本人の所に届くようになっている。外交官はその支払いを免除されているが、一度、カメラの読み取り間違いで請求書が私の手元に届くということがあった。

　このカメラが設置されている所はすぐに分かり、日ごろそこを通るドライバーなら誰でも知っている。あるとき、大使館から公邸への道すがら、カメラの直前で私の横を走っていた車のナンバープレートに何かが覆いかぶさって見えなくなるという「事件」を目撃した。興味深いことに、カメラを通過したら元のナンバープレートが現れたのである。なんだか、００７映画の一シーンを見たような気がした。

スウェーデン人が日本に来ると、かなりの人が無駄に配置されていると感じるそうである。ホテルやデパート内のエレベーターの前で案内をする人、会社や銀行の入り口で受付とか窓口の案内をする人などは、彼らの目には「人材の非効率配分」と映るようだ。

他方、スウェーデンで働く人々の配置がすべて効率的かというと、必ずしもそのように思えない側面もある。たとえば、教育や医療・介護といった分野では、女性の社会進出を促進する意味も込めてのことであろうが、女性を主体にした手厚い人材雇用がなされている（七三ページ「充実した育児休暇制度」を参照）。

5 自立精神のもち主

スウェーデン人は自立心が強く、逞しい精神のもち主であると思う。これがバイキングの精神にまで遡るものであるのかどうかは定かでないが、子どものころから自立性、自主性が求められ、男女ともに一八歳を過ぎるころには両親から独立して、一人暮らしをするというのが普通となっている。また、老人も、一人で生活できるかぎり自宅で暮らすことを好むので、自立心に富んでいるといってよいだろう。

大使公邸のあるユシュホルム地区には高級老人ホームがあるが、歩くのもやっとと思われる老人が一人で歩行補助器を使いながら、近くにあるスーパーの買い物袋を提げて歩いているという光景をよく見かける。もちろん、車椅子に乗って、看護師に押してもらっている老人にも出会う。

とはいえ、スウェーデンでも最近は「パラサイト・ライフ」を楽しむ若者が少なくないという。とりわけストックホルムだと家賃が高いため、独立も思うに任せない若者が多くなり、学生時代だけでなく就職後も両親のもとで暮らしている。

そして、こんな光景にも出会う。

一人で人寂しい森や海岸沿いを散歩したり、ジョギングしたりする女性を見かけることが多かった。日本と同様、スウェーデンは安全な国であり、女性が一人で夕方や夜に出歩いてもたいした問題はないが、日本人の目から見ると気にかかる状況もある。気になって、大使館の現地職員の女性に尋ねたら、「身の危険を感じるようなことは滅多にない。政府には、夜道でも女性が安心して歩ける社会環境をつくり上げる義務がある」という明快な説明であった。

ただ実際には、スウェーデン国立犯罪防止評議会（Swedish National Council for Crime Prevention: Brå）が二〇一六年春に行った調査結果によれば、一六歳から七九歳までの調査対象となった女性の三一パーセントが住居区域で夜間に外出することに「幾分ないし大いに不安を感じ（feel somewhat or very unsafe）」ており、一二パーセントの女性が「不安のために外出をまったく控えている」とのことであったため、評議会はこのような事態の改善を図る行動を行政に求めている。

「我が道を行く」的なところは、黙々と自転車を漕ぐことを好む国民性にも表れているようだ。とにかく、北風が吹きすさぶような状況でも、防寒具とヘルメットに身を固めて自転車で通勤・通学する人が多い。

あるとき、大使公邸で王宮の関係者をビジネスランチに招いた際、式部官長が背広姿で自転車に乗って現れたのにはびっくりした。季節のよい時期ではあったが、王宮からは車でも三〇分以上かかる距離である。もちろん帰りも、彼は自転車で王宮まで戻っていった。

乳母車を押しながらジョギングをするという母親の姿にも、同じようなものを感じてしまう。こ

ベビーカーを押しながらジョギングする女性（©Hura 2013）

の姿は、小さな子どもを抱えている母親の自立性や独自性を象徴するようでもあるし、いかにも女性が活躍するスウェーデンらしい風景なので、日本で同国について私が講演をする際には、前ページの写真をパワーポイントでみなさんにお見せしている。

6 ひ弱さが垣間見えることも？

このように逞しいスウェーデンの人々であるが、他面では「やわな側面」ももち合わせている。とりわけ、豊かな社会で育て上げられた若者にその傾向が強いようだ。よく見かけるのが、金曜日と月曜日に多く見られる「病欠（sick leave）」である。この日に「病気になる」と長い週末を過ごすことができる、と断言するわけにはいかないが、とにかく「病欠が多すぎて、健康保険会計に影響が出ている」と関係閣僚が国民に注意喚起をするぐらいだから、現状は目に余るのであろう。

ある週末、妻とショッピングセンターで買い物をしていたら、その店のマネージャーらしき女性が、「今日はこんなに忙しいのに、同僚が急に病欠で……」と、対応に時間がかかることを申し訳なさそうに釈明していた。妻が冗談半分に「今日は珍しく晴れて気持ちもいいし」と言ったら、「そうなの、それもあるのよ」と返してきたので、スウェーデン人も似たような感触を抱くのであろう。

大使公邸では若いスウェーデン人の庭師が現地職員として働いているが、この彼にも「病欠」を多用する傾向がある。やはり、週末につながる金曜日か週明けの月曜日に多いのだが、妻の観察によると、翌週の月曜日に休むことを決め込んでいる場合には、当該日の分の手筈を事前に整えたり、作業を終わらせていたりするそうなので、それはそれで良心的なのかもしれない。

こんな彼だが、必要となれば超勤を厭うわけではない。ただ、いかにもスウェーデン的だと思うのは、超勤手当をもらうよりは、その分を休暇に回してほしいと願い出ることである。多くのスウェーデン人労働者にとっては、超過勤務手当よりは休暇のほうが重要なようだ（四七ページ参照）。

気に入らない仕事を辞めるときも、日本人ほどのこだわりはない。そもそもスウェーデンには、日本のような「終身雇用」という概念が存在しないので、仕事を変えるというのはごく普通のこととなっている。仮に、次の仕事が決まるまでに一定の時間がかかっても、その間は失業保険による保障があるし、希望すれば自分自身を磨くための職業訓練も用意されているのであまり切迫感がない。

先ほどの大使公邸の庭師も、とくに次の仕事を見つけ出したわけでもないのに、庭師に加えてサーバントの役割をこなすのが過重となるので公邸での仕事を辞めたいと言い出したことがあった。まもなく奥さんが出産というタイミングであるにもかかわらず、である。

　庭師に専念してもらうことを申し出たら思いとどまってくれ、その後はきちんと働いてくれた。それにしても、歴代のスウェーデン人の庭師はいずれも雇用期間が短かった。これに対して、フィリピンからやって来てスウェーデンに定住した公邸の職員二人は、在勤二〇年を超えるベテランとなっている。

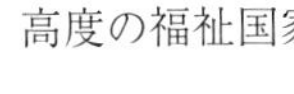

第2章　高度の福祉国家

1　社民党が営々と築き上げた礎（いしずえ）

今日のスウェーデンの発達した福祉や教育の礎は、社民党が中心となって営々と築き上げてきたものである。一八八九年に結党された同党は、現代政治史のなかで長期にわたって政権を担い、現在の福祉国家としての骨格を築き上げた。この間、保守の穏健党が政権を担った期間は一七年ほどでしかない。

社民党政権下で、労使協調、連帯賃金（同一労働同一賃金）の考え方を基礎にして、国が公平・平等を基本とした手厚い社会保障制度を確立し、経済成長がもたらす成果について再分配を行うモデルができ上がった。このモデルは、のちに見るように、国民の一人ひとりが可能なかぎり労働市場に入って就労し、経済成長に寄与することが前提となっている。

「小さな国」の「大きな政府」を好む国民意識

スウェーデン人と話していると、「小国であるスウェーデン」といった具合に、自国を表現するときの枕詞として「小さな国」と付けることが多い。自らをこのように表現する精神も前述した「謙譲の美徳」に相通じるようで興味深いところだが、実際、人口や国民総生産は日本よりはるかに少ない、物理的には小さな国である。スウェーデン政府の国家予算は、ほぼ東京都の予算（特別会計を含めて一三兆円余り・二〇一四年）に匹敵する規模でしかない。

他方で、社民党の理念を可能とする背景には、「大きな政府」を好む国民の意識がある。「小さな国」スウェーデンのコミュニティーでは、統治者は国民生活の隅々に至るまで面倒を見ることができるし、統治される国民のほうも、統治する側の政府に対してそのことを期待している。前述したように、そのために必要な租税の負担は厭わない、という国民気質がある。

まず、政府歳入の主要な柱である付加価値税は、税率が二五パーセントと、先進国のなかではもっとも高いカテゴリーに入る。二〇一四年の数値によれば、これだけで歳入の四〇パーセント弱を占めている。

興味深いのは、生活に密着した分野では、かなり広範に軽減税率が認められていることである。たとえば、食料品、芸術家本人が売却する芸術品、ホテル宿泊料などは一二パーセントとなっているし、書籍・新聞、博物館や美術館の入場料、飛行機・電車・バス・タクシーなどの旅客交通料金などは六パーセントで、教育、医療・社会ケア、ガス・水道・電気、銀行サービス、不動産売買・賃貸、ロトなどのギャンブルは、何と税率が〇パーセントとなっている。

次いで、歳入の約三〇パーセントを占めているのが社会保険料である。スウェーデンでは、事業主が被用者分のすべてを負担している。すなわち、各被用者の疾病保険料、遺族年金保険料、老齢年金保険料、両親保険料、労働災害保険料、労働市場保険料および一般賃金税の計三一・四二パーセントを事業主が負担しているのである。[(1)]

被用者本人が負担するのは老齢年金保険料（七パーセント）のみであるが、その分の租税控除が認められているので実質的な負担はないに等しい。老齢年金保険料を除いた保険料と付加価値税はすべて一般会計の歳入として扱われるので、この両者で政府歳入の七〇パーセントを占めている。そのほかに、一般会計の一〇パーセントを占めているのが法人税である。かつて法人税は二六パーセントであったが、二〇一三年、二二パーセントに引き下げられている。

所得税には、「国に対するもの」と「地方に対するもの」の二種類がある。国税としての所得

(1)　スウェーデンでは、（中略）事業主負担の保険料率は、二〇〇八年時点で合計三二・四二パーセントとなっている。年々、この保険料率が変化をするため、総保険料負担を一定に維持するために「一般賃金税（Allmän löneavgift）」が残差項（バッファー機能）として設けられている。（「スウェーデンにおける税と社会保険料の一体徴収及び個人番号制度」高山憲之、二〇〇八年）

税は高所得者（年収が約四〇万クローナ以上の者）のみが負担し、税率は、所得に応じて二〇パーセントまたは二五パーセントとなっている。ただし、国の所得税収は、税控除などの減税措置負担が歳入を上回っているため、実質上はマイナスとなっている。

国民一般が負担することになる地方に対する所得税は、自治体によってそれぞれ税率が異なっている。二〇一四年の数値によれば、平均すると「県」に対するものが一一・二〇パーセント、「市町村」に対するものが二〇・六五パーセント、計三一・八六パーセントとなっている。この背景には、中央政府が年金、児童手当などの現金給付を担当する一方で、現物給付サービスのうち、保健・医療サービスを「県」、高齢者・障碍者福祉、保育や教育といったサービスを「市町村」が担当するというスウェーデンならではの社会保障制度がある。

スウェーデンのGDPに占める租税負担率は、一九三〇年代からほぼ五〇年間にわたって一貫して増大し、一九八七年にピークの五〇・一パーセントに達し、一九八〇年代、一九九〇年代は五〇パーセント前後で推移したが、経済危機の影響もあって一九九〇年代には下がり出した。(2) 二〇一六年のOECD統計で見ると、二〇一五年には四三・三パーセントとなっている。それでも、多くの豊かな勤労者にとっては所得の半分が税金でなくなる感覚といってよいだろう。一方、企業は、従業員を一人雇うときには、社会保障負担分が大きいために二人雇うことになるという前提で人件費を計算している。

かくして、国庫に入る税金の使途は「大きな政府」に委ねられるわけだが、行政の透明性は高く、国民の政治に対する関心も高い。公権力における腐敗が少ない社会であることも、国民の信頼を高めている要因であるといってもよいだろう。

豊かな生活の質

「小さな国」と謙遜するが、その実、スウェーデンの国民一人当たりの総生産は、二〇一五年の世界銀行統計では日本の約一・五倍を上回る高い生活レベルを維持している。現地で生活してみると、ワーク・ライフ・バランスをはじめとして人々の「生活の質」に関するかぎりスウェーデンに軍配が上がるといってよい。

よく見かける典型的な別荘の建物

（2）“Swedish Taxation since 1862 : An Overview”, Magnus Henrekson and Mikael Stenkula, IFN Working Paper No.1052, 2015, Research Institute of Industrial Economics 参照。

毎年、短い夏を惜しむかのようにスウェーデン社会は六月に入ると夏休みモードに入り、学校も六月中旬から八月中旬までの長い休みに入る。その間、人々は一か月から二か月に及ぶ休暇をとり、アーチペラゴ（四ページの写真参照）にある夏の別荘でのんびりと自然に親しんだり、家族そろって旅行に出掛けてクルーズやドライブを楽しんだりする。別荘には電気のない所もあり、ロウソクや薪で自然に溶け込んだ原始的な生活を好むスウェーデン人も少なくない。

この時期になると、王族や閣僚、ビジネスマンや学者、そして医師、要するに社会の各層にわたる国民がこぞって休暇を取ろうとする。大使館の館員に対して、半分冗談で、しかし半分は本気で、夏休みには間違っても大きな怪我や病気にかからないように注意を呼びかけることもこの時期の風物詩になっている。緊急病院ですら、この間はインターンのような若い駆け出しの医師が当番になることが多いからである。

官庁や民間企業でも、休暇で不在中の人に代わって代理を務める者を滅多に置かないので、結局、該当者が休暇から戻るまでは物事が捗らない。さすがに閣僚は交代で休暇を取っているが、一人で二役も三役も兼ねることになるため、夏に我が国から閣僚級の訪問があると、カウンターパートを見つけ出すのが大変となる。

それでいてスウェーデン社会は労働の効率がよく、生産性が高い。二〇一五年のOECD統計で時間当たりのGDPを比較すると、スウェーデンが五六・〇ドルであるのに対して、日本は三九・五ドルなので、スウェーデンの労働生産性は日本の約一・四倍となる。

　また、仕事と私生活が想像以上にはっきりと区別されている。職場では、仕事中に「フィーカ(fika)」と呼ばれるお茶の時間を挟んで同僚と懇談するというのが常となっているが、勤務時間中は周囲から話しかけられることも嫌うほどに集中して仕事に取り組んでいる。残業を厭うわけではないが、無駄な残業は極力避けている。残業した場合でも、残業代を受け取るよりは、その時間を積み上げて休暇に当てることを好む人が多い（先に挙げた庭師のように）。

　かくして、スウェーデン人は「人生の質」を重視してバカンスのために働くのである。事実、大使館職員の運転手の一人はクルーザーを所有しており、毎年、夏になると船旅に出掛けることを楽しみにしていた。彼には孫がいるのだが、ある夏には、新しい妻と新婚旅行の船旅に出掛けていった。

2　福祉国家で顕在化する問題点

医療福祉分野におけるサービスの低下

スウェーデンの医療福祉については、数多くの専門書が存在するので詳細はそれらに譲るが、教育、福祉、男女機会均等など、あらゆる側面をとってもスウェーデンの制度的な枠組みが優れていることに驚かされる。

教育は、基本的に高等教育を含めて無償となっている。優秀であれば、修士号や博士号の習得も原則として無料で行うことができる。また医療にしても、自己負担はごくわずかとなっている。一定額以上に医療費の負担が毎年増える場合や高額医療サービスについても、認可が受けられれば無料ないし減額となる。

他方で、このような充実した制度にさまざまな歪（ひず）みが生じ出していることも事実である。医療費も国民による負担の範囲内で賄われるわけであるから、医療サービスに対するアクセスは日本よりも厳しいものとなっている。たとえば、医師にかかるにしても「町医者前置主義」となっており、初期の診察は居住区にある健康センターで行われる。誰でも彼でも、いきなり大学病院や専門医師の診察が受けられるわけではないのだ。

最近では、医療サービスへのアクセス問題が徐々に社会問題化しており、助産婦の数が足りないために、希望する場所での出産も思うに任せない状態となっている。それゆえか、「緊急時の医療サービスに不安がある」といった議論が新聞紙上でもよく取り上げられている。

スウェーデンに本部を置く保健政策に関するシンクタンク「ヘルス・コンシューマー・パワーハウス（Health Consumer Powerhouse）」が毎年公表している報告書「欧州ヘルス・コンシュ

ーマー指標（Euro Health Consumer Index）」によれば、スウェーデンのヘルスケアは二〇一三年にEU内で前年の六位から一一位、そして二〇一四年には一二位に転落している。二〇一五年の報告書では、総合得点786で一〇位へと巻き返したものの、その水準は北欧五か国では最下位となっている。ちなみに、他の北欧諸国は、ノルウェー854、フィンランド845、アイスランド825、そしてデンマーク793である。

同報告書では、プライマリケア（primary care）を受けるまでの最大限の待ち時間を七日以内にするというスウェーデンの目標は、他のEU諸国の目標に比べて「控えめ（modest）」であり、ポルトガルの一五日以内に次ぐ長さとなっており、プライマリケアを受けるまでの「悪評高きまでに不十分な（notoriously poor）」なアクセスを是正することは困難に見える、と指摘されている。また、がん治療を受けることができるまでの待ち時間は、とくにストックホルムでは「非人道的（inhumane）である」とすら記述されている。

スウェーデンでは毎年約九〇〇〇人の男性が前立腺がんになっているそうだが、国立保健福祉委員会（National Board of Health and Welfare）の報告によれば、二〇一三年の時点で中・高リスクのがんを抱える患者が手術を受けることができるまでの待ち時間は平均二二〇日であり、他のがんに比べても長く、患者にとっては精神面で大きな負担になっているとのことである。

図２　スウェーデンのPISA結果の推移

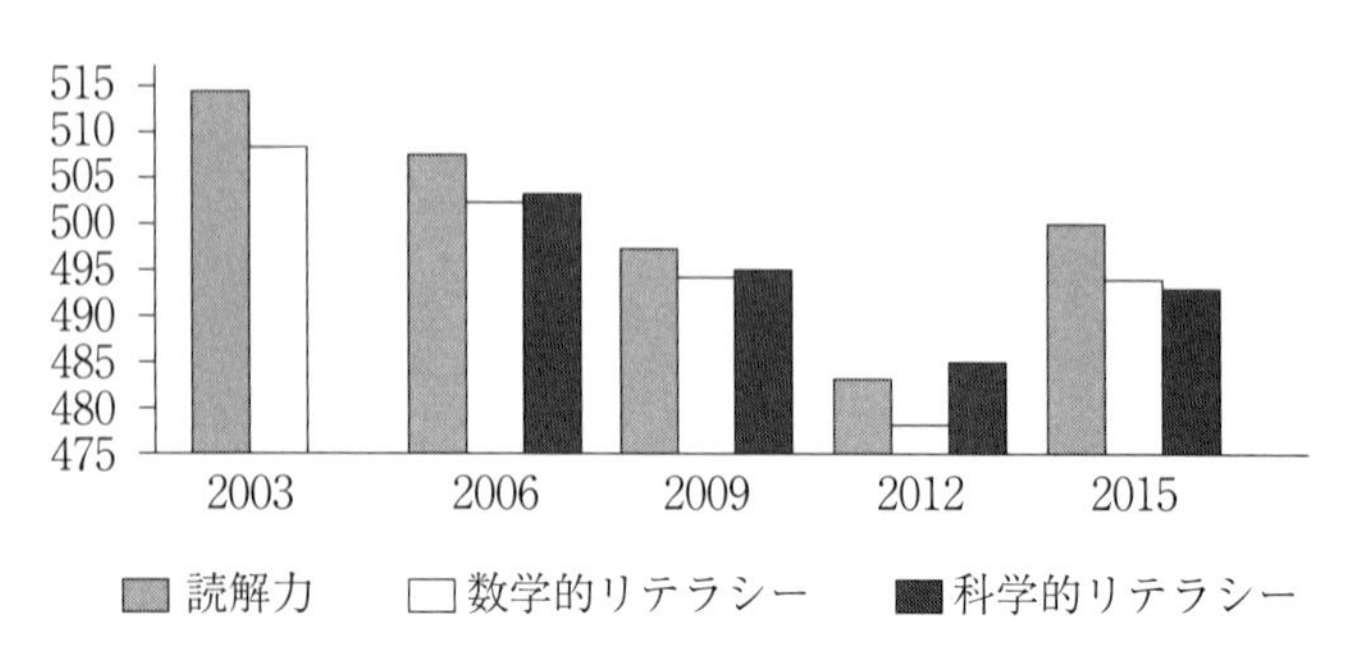

出典：OECD（2014）、PISA 2012

劣化の著しい教育

私の在勤中、教育の分野における質の低下もしばしば話題になった。国際的な学力を比較するために経済協力開発機構（ＯＥＣＤ）は、「ＰＩＳＡ（Programme for International Student Assessment）」と略称される学習到達度調査を一九九七年から三年ごとに行っている。いくつかある調査項目のうち、スウェーデンは二〇〇六年までは「読解力」でベスト10入りするほどの実力を有していたが、二〇一二年の調査では過去最低の結果となり、ＯＥＣＤ加盟三四か国中、「数学的リテラシー」で二八位、「読解力」および「科学的リテラシー」で二七位と、他の北欧諸国に水をあけられた。

二〇一五年五月、ＯＥＣＤはスウェーデンに対し、過去一〇年ほどの間に学力レベルが平均から著しく下位に転落しており、ＰＩＳＡに参加する国のうちでこれほど顕著に下落した国はないと厳しく指摘したうえ、スウェーデン政府に対して教育を質量ともに改善するための改革を「緊急に（urgently）」に行う必要があると勧告している。[3]

地方を訪問すると、教育を担っている市町村の関係者から、「難民の増大が基礎教育の現場における学級崩壊や教育の質の低下を招いている」という声がささやかれる。しかし、ＯＥＣＤも指摘するように、難民や移民の増加が教育に及ぼす影響は一定限度にかぎられている。

教育低下の背景にあるものは複雑である。前政権下では、自由民主党のヤン・ビョルクルンド（Jan Björklund, 1962～）党首が二〇〇七年から二〇一四年まで教育相を務め、総選挙にあたっては教育問題が争点の一つにもなった。またＯＥＣＤは、同じ勧告でスウェーデンの学校では遅刻が他の加盟国に比べても多いとして、教育現場での「規律（discipline）の悪化」を指摘している。

新政権下で教育相に就任したグスタフ・フリドリン（Gustav Fridolin, 1983～）環境党党首は、教育を質量ともに改善するには「明確な優先順位と責務、より大きな説明責任を伴う国家教育戦略について合意することが必須である」と述べて、市町村が担う教育行政に対して国家レベルの取り組みの必要性を強調している。

（3）Inproving Schools in Swedenn : An OECD Perspective 参照。

近年、スウェーデンでは私立学校の設立が増加傾向にあり、私立学校の成績偏差値のほうが公立学校よりも高いといわれている。とりわけ、裕福な家庭は落ち着いた学習環境を望んでおり、子どもたちを私立学校に入学させる傾向が強くなっている。教育サービスの提供が公立学校によるものを原則としているスウェーデンにおいて、私立学校をその制度にどのように組み込んでいくのかも政府の課題となっている。

フリドリン教育相の取り組みが成果を上げたのか、二〇一五年に実施された最新のＰＩＳＡの結果によると、長年にわたるスウェーデンの学力低下傾向には歯止めがかかり、とくに「数学的リテラシー」と「読解力」で顕著な改善が見られた。ＯＥＣＤの発表によると、「数学的リテラシー」と「科学的リテラシー」はＯＥＣＤの平均レベルに達しており、「読解力」は平均を上回るレベルに到達した。とはいえ、北欧五か国で見ると、依然フィンランド、ノルウェー、デンマークの後塵を拝している（「読解力」のみ同レベル）。

第3章 二〇一四年の政権交代の背景

1 スウェーデン社会の異文化包容力

スウェーデン社会は、総じて外国人や異文化を許容する包容力がある。ストックホルム市内や大使公邸のあるユシュホルム地区を歩いていると、妻や私に現地語で語りかけてくる人がときどきいる。顔つきはアジア人でも、スウェーデン人として暮らしている人が多いからである。

歴史的に見ても、国土の広さのわりに人口の少ないスウェーデンは、外国人を積極的に受け入れてきた。それは、周辺のヨーロッパ諸国にとどまらず、政治的な困難が生じたイラン、アフガニスタン、エリトリアなど世界各地に及んでいる。また、朝鮮戦争時（一九五〇年～一九五三年）に、戦争孤児をスウェーデンが数多く受け入れてきたこともよく知られている。

これらの外国の人々も、スウェーデン人としてのアイデンティティーを有し、社会に「統合」されている例が多い。そうであるかぎり、社会は彼らに寛容であり、市民として完全に受け入れている。

閣僚のなかにも、トルコ系、ユーゴー系、アフリカ系など、多彩な起源を有するスウェーデン国民がいる。〈スヴェンスカ・ダーグブラーデット（Svenska Dagbladet）〉紙のトーヴェ・リーヴェンダール（Tove Lifvendahl, 1974〜）政治編集委員長（韓国系）やストックホルム大学で国際法を教えているサイード・マハムーディ（Said Mahmoudil, 1948〜）教授（イラン系）のように、各界で活躍する外国起源のスウェーデン人は多い。

後述する難民や移民にまつわる問題は、スウェーデン人としてのアイデンティティーをもちえず、社会に統合されないまま、見かけはスウェーデン人ながら社会からドロップアウトした若者などの場合に起こりやすい。

スウェーデンのインテリ層と話をしていると、「国力と経済の発展のために、外国人を受け入れるのは当たり前だ」という話をよく耳にする。彼らに言わせると、医療や介護、ゴミの収集といった市民サービスの分野においては、外国人労働者に頼ることなくしてスウェーデン社会は立ちゆかないため、外国人を受け入れるかどうかの議論はもはや終わっているのである。

ノーショーピング市[1]に移民庁長官を訪ねて話をした際、彼の反応も同じようなものであり、「きちんと審査をして、移住や難民申請の用件を満たしていたら受け入れの許可を与える」と述べていた。

このとき長官は、「この点に関する最終権限は法律によって自分に与えられているので、この手続きに関して閣僚や議員の指図を受けることはない。変化が生じるとしたら、国民の意思を反映する議会において、自分の権限に関連する法律が変更されたときだけである」とも言い切っていた。移民庁や国税庁のような独立した行政主体は、上級官庁の指示を受けることはないというのがスウェーデン行政機構の特色であるが、それにしても思い切った割り切りようである。

二〇一三年のＯＥＣＤ統計によれば、スウェーデン総人口に占める外国起源の市民は一六・〇パーセントに達しており、ＯＥＣＤに加盟している欧州諸国のなかでは、ルクセンブルグ（四三・七パーセント）、スイス（二八・三パーセント）、オーストリア（一六・七パーセント）、アイルランド（一六・四パーセント）、スロベニア（一六・一パーセント）に次いで高い。これに対して、アメリカ（一三・一パーセント）、ドイツ（一二・八パーセント）、イギリス（一二・三パーセント）などは、いずれもスウェーデンを下回っている。

（1）（Norrköping）スウェーデン中東部、エステルイェータランド県（Östergötlands län）の都市。人口約一三万人で、中心部人口は約八万人（二〇〇五年）で国内第一〇位。

スウェーデンの場合、かつては隣国フィンランドや南欧のギリシャ、旧東欧諸国からの移民が多かったのだが、現在では、外国からやって来る人々は多様である。のちに述べるCNNのザカリア氏（八四ページ参照）ではないが、スウェーデン人が金髪碧眼というのは、今日ではかなり神話に近いものとなっている。一説には、かつて優生学が盛んだった一九三〇年代でも金髪碧眼は人口の六割を下回っていたそうだから、今では五割を切っているのかもしれない。

ご多聞にもれず、スウェーデンも髪を染めることが盛んな国である。大使館のある女性職員などは、金、ブルネット、黒に近い色と、気分に応じてクルクルと髪の色が変わっていた。そのたびに雰囲気がガラッと変わるから、不思議なものである。

2 深刻化する難民問題

スウェーデンでの在勤中、国際社会に主導的立場の国が見当たらなくなるとして、Gゼロの時代を提唱した「ユーロアジア・グループ」が、二〇一五年の国際社会の最大のリスク(2)は「欧州の政治」であると規定して話題となった。現地から観察しても、前年のロシアによるクリミアの併合、その後のウクライナ情勢、それを受けたバルト諸国の動向などを背景に、たしかに欧州情勢が「きな臭く」なる感じがした。

これに拍車をかけたのが、欧州政治における極右勢力の伸張である。そして、この点に関してはスウェーデンも例外ではなかった。

その予兆は、国内政治における極右政党「スウェーデン民主党（Sverigedemokraterna）」の躍進からも見てとれた。二〇一四年秋の総選挙で難民排斥を唱えた同党が、実に一三パーセント余りの得票を得て、社民党、穏健党に続く第三政党に躍進したのである。

この総選挙は二期八年続いた穏健党首班の中道右派連合政権の成果を問うものであった。同政権のもとで経済は総じて良好に推移したものの、肝心の福祉や教育面でのサービスは低下した。そのような状況下で国民の不満が募り、与野党は総選挙を前に福祉を充実させるとして、それぞれ増税を公約して選挙戦に臨んだわけである。

スウェーデン民主党は、福祉と教育の質の低下は寛大な難民の受け入れ政策に原因があるとして、当該予算の国民生活への振り分け、難民流入の制限を唱えたことで、少なからざる国民の共感を得ることとなった。この党の動向が総選挙後の内政において最大危機をもたらすことになる

（2）　G7を構成する主要先進国が指導力を失い、G20も機能しなくなった国際社会を表す言葉。アメリカの政治学者であるイアン＝ブレマー（Ian Bremmer, 1969〜）が、二〇一一年にその可能性を指摘した。

のだが、そのことについてはのちに触れることにする。

このような極右政党の台頭はヨーロッパに広く見られる現象であり、要は、難民問題がヨーロッパ政治に危機をもたらし兼ねないということである。二〇一五年二月に開催された欧州大使会議の際、私はこれを欧州に根の深い問題として提起したが、シリア難民が大挙してヨーロッパに押し寄せる前のことでもあり、参加者の間ではあまり関心を引くことはなかった。

しかし、この問題は、やがて広くヨーロッパの大きな政治問題と化した。今にして思うと、イギリスのEU離脱を促すことにもつながる移民や難民にまつわるこの種の国民不満は、ヨーロッパ各国において、程度の差こそあれ確実に鬱積していったのである。

スウェーデンは、社民党の主導する人道主義に基づく外交という旗印のもとで、移民や難民を寛大に受け入れてきた。EUの統計によれば、二〇一四年の難民受入数は、EU二八か国全体で五六万二六八〇人であったが、そのうちドイツが一七万二九四五人で第一位、次いでスウェーデンが七万四九八〇人で第二位を占めている。

二〇一五年はシリア難民がヨーロッパにどっと押し寄せた年であるが、その数はドイツの四四万一八〇〇人、ハンガリーの一七万四四三五人に次いで、スウェーデンは第三位の一五万六一一〇人であった。

この数値を人口一〇〇万人当たりの数値で比べると、ハンガリー（一万七六九九人）とスウェーデン（一万六〇一六人）がドイツ（五四四一人）を大きく引き離しており、比較的小さなこれら両国において、難民問題がいかに政治的、社会的に大きな問題となっていたのかを容易に想像することができる。

いかにもスウェーデンらしい計らいであるが、現状では、シリア難民がスウェーデンの地に足を踏み入れた途端、とりあえず彼らには永住許可が与えられている。その後、難民認定が行われるまでの間、衣食住が保障され、子弟には教育の機会が与えられることになる。

これらのサービスは、中央政府によって割り振られた市町村が提供している。もちろん、すべての難民がスウェーデンでの定住を望むわけではなく、北米やその他の地域にさらに移動するケースもある。ただ、スウェーデン社会に溶け込む意志があり、定住を望む者には、それまでの間、手厚い保護が与えられる。

同時にこのことは、多額の国家予算が、難民受け入れという人道主義政策のもとで支出されることを意味する。それゆえ、一般国民、とりわけ老齢者のなかには、それだけの支出を外国人に振り向けるよりは、スウェーデン国民の福祉向上のために当てるべきだという主張に共感する者も出てくる。スウェーデン民主党は、弁舌巧みにそのことを説いたのである。

3 極右政党「スウェーデン民主党」の躍進

スウェーデン民主党が真に極右政党であるのかどうかについては、議論の余地がある。ジミー・オーケソン（Jimmie Åkesson, 1979～）党首は、弁舌爽やかで知的な人物である。ただ、支持母体や党の下部組織に至るとネオナチ的な性向が強く、暴力行為に走る者も少なくない。中道の右派左派を問わず、既成の主要政党にとっては、党利党略でこの政党と連携することは「死の接吻」となり、民主政党としての根本を問われるであろうという認識が広く共有されている。

この認識が、後述する二〇一四年末の内政危機を救うことにもつながった。おそらく、良識ある国民も、右翼的言動の多いこの党に対して真に政権を託そうとは考えていないだろう。いうなれば、「既成政党に対する批判票」として投票している側面も多い。

二〇一五年の後半に至り、難民問題はヨーロッパ政治の根幹を揺るがしかねない大きな問題へと発展した。シリア難民を中心に、数多くの難民がギリシャや旧東欧諸国を経由して大挙EU域内に押し掛けることとなったからである。あまりの数の多さにヨーロッパ諸国は戸惑いを見せ、一部では反移民感情が昂ぶって、域外からの難民流入を阻止しようとする国も出現した。

しかしながら、難民に降りかかる数々の悲劇を目の当たりにして、EUはドイツとフランスの主導力を背景に難民の受け入れ枠を各メンバー国に割り振り、人道主義の御旗を下ろすことはなかった。ただ、この枠組みには強制力がなく、思惑の差もあって各国の対応にはバラツキが見られる。また、人道主義上の建前とは裏腹に、各国は内政上の配慮から国民の声に耳を傾けざるを得ず、多くの国がスウェーデンの場合と同様、国内の教育・福祉サービス低下を招いて財政の過重負担になるような事態だけは回避したいと考えている。

この問題は現在進行形であるが、強い指導力を発揮してきたドイツのメルケル首相ですら、一時の無制限難民受け入れについては軌道修正を余儀なくされている。スウェーデンも、二〇一五年一一月から二〇一六年三月までの間は、テロ警戒状況をそれまでの「レベル３」から「レベル４」に引き上げ、隣国デンマークからエーレスンド橋（一七六ページの写真参照）を渡って入国する外国の渡航者に対してパスポートの提示を求めるなど水際措置を強化して、過度の難民流入を制止することになった。

社民党、穏健党に次ぐ第三の政党となったスウェーデン民主党にとっては、「それ見たことか」という状況が生じたわけであり、この先も、この問題は内政上の台風の目であり続ける。二〇一六年六月、イギリスが国民投票でＥＵからの離脱を決定したことは、誰にとっても驚きであった。しかしながら、その遠因は、イギリスにとどまらず、広くヨーロッパの底流で着実に形づくられてきたといえる。

4 穏健党「中道右派連合」から社民党「中道左派連合」への政権交代

スウェーデンに在任中の二〇一四年九月に総選挙があった。この選挙によって、八年間権力の座にあった穏健党首班の「中道右派連合」に代わって、社民党が環境党と連立を組む「中道左派連合」の政権が成立した。首相になったのは、議員経験がなく、長年にわたって労働組合運動に携わってきたステファン・ロヴェーン（Stefan Löfven, 1957～）氏である。

過去二期八年にわたって政権を担った中道右派連合は、経済成長を確保したものの、教育や福祉といった国民が重視する政策面で見るべき成果を挙げることができなかったため、サービスの低下を不満とする国民の反発を受けて政権の座から降りざるを得なくなった。

この年の総選挙は、国民の要求にこたえる形で福祉と教育の充実を掲げて、与野党のいずれもが、政権をとった暁には増税して対応にあたることを公言して選挙を戦うというきわめてユニークなものとなった。いかにもスウェーデン社会の透明性を象徴する現象である。

国民のほうでも、福祉の質が低下するぐらいであれば増税を望む人が多く、この選挙の投票率も従来通り八〇パーセントを超えるものとなった。政府の動向に対する国民の関心の高さを示している投票率だが、このような状況を来訪した何人かの国会議員に説明したら、一様に「日本の総選挙では考えられない」という感想を述べていた。

社民党が穏健党から権力を勝ち取って以降、これまでの政権運営期間は、次回二〇一八年の総選挙までの折り返し地点を過ぎた。そもそも政権基盤が少数政権のために脆弱であることに加え、連立を組む環境党のリーダーシップも盤石でないため、ロヴェーン首相の政権運営も思うに任せないところがあるのだろう。総選挙を前に支持率を着実に伸ばしていきたいところではあるが、伸び悩んでいる。また、庶民目線に立って富裕層に負担をより多く求める現政権の政策傾向には、経済界をはじめとして不満が募っているようにも見受けられる。

他方、野党連合内部でも穏健党がスウェーデン民主党との連携に前向きの姿勢を示しているのに

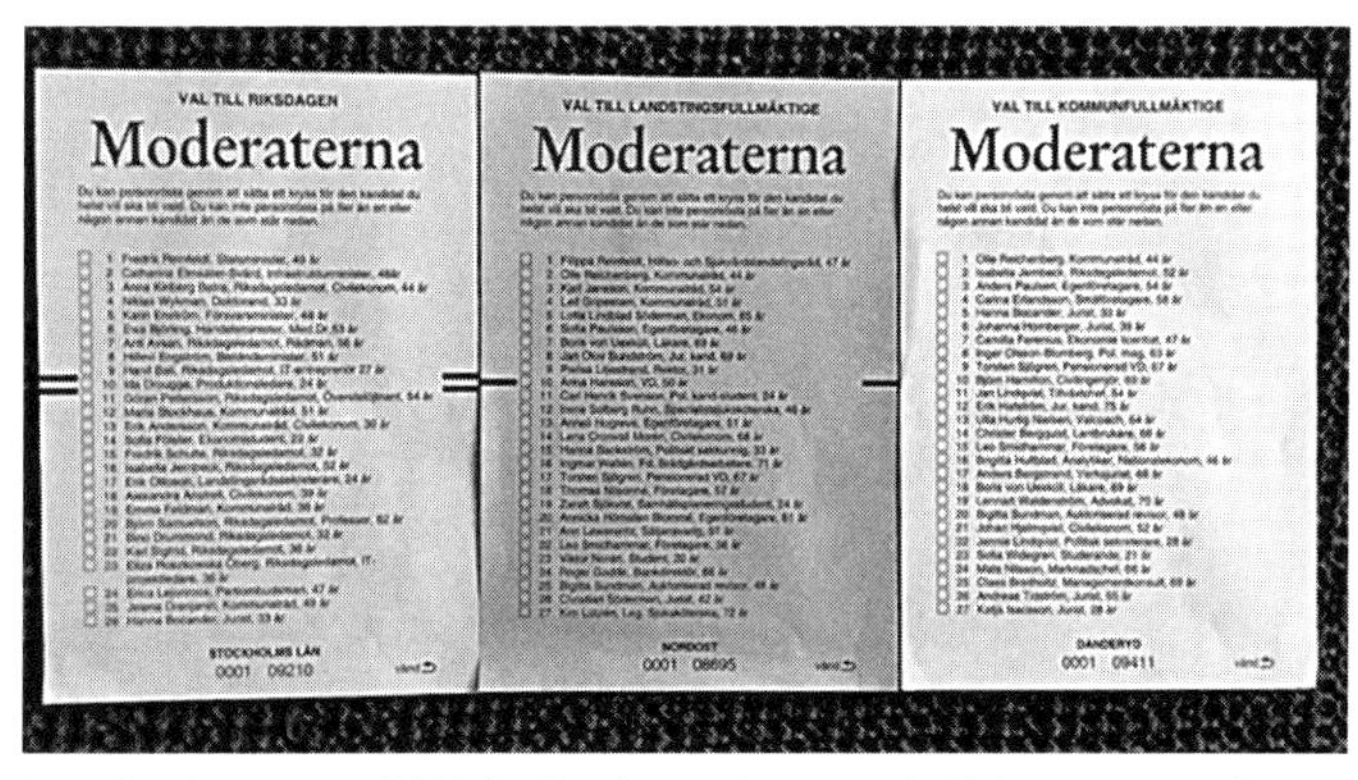

総選挙の投票用紙（穏健党用）。投票用紙には、候補者のリストが優先順に並んでいる。選挙は比例代表制であり、投票所の入り口には各党の投票用紙が国会、県議会、市議会の区分に従って無造作に置いてあり、投票者はそこから自分が好む党の用紙を選んで投票箱に入れる

対して、中央党や自由党は後ろ向きであり、極右政党に対する立ち位置には野党連合の間でも温度差がある。

また、穏健党内部のリーダーシープも頑強とはいえない。保守系政党のなかには支持率を減らしているところもあるなか、保守連合内部での思惑の違いは拡大しているようにも見受けられる。そのため、二〇一八年秋に想定されている総選挙の結果がどうなるかを今から見通すことはなかなか難しい。

この先、ヨーロッパは「政治の季節」を迎えることになるだろうが、仮に一層の保守化、右傾化が進むようなことがある場合には、その影響がスウェーデンにも及ぶことだけは間違いないだろう。

第4章 家族をめぐるユニークな環境

1 専業主婦は女性労働人口のわずか二パーセント！

女性の社会進出は進んでおり、二〇歳から六四歳までの女性労働人口に占める専業主婦の割合は二パーセントでしかない。ということは、病気や休養、学業などで仕事を休んでいる人以外は、ほとんどの女性が仕事に就いていることになる。

とはいえ、ここに至る道のりは、スウェーデンの場合も長かったようだ。かつては、女性は結婚して家庭に入り、子育てに勤しむというのが一般的な姿であった。しかしながら、産業化が進むスウェーデン社会で労働力を確保する必要性が生まれ、次第に女性が労働市場に駆り出されていくことになった。

その基盤を整えたのが社民党政治である。何よりも社会の理解を得るために、さまざまな啓発活動が行われた（七二ページから詳述）。

と同時に、働く女性が子どもを預けることのできる保育所や幼稚園といった施設が拡充されていった。育児休暇や子ども手当が充実する一方で、休暇をとる間の「両親手当て」も拡充されていったわけである。

子どもが一歳を迎えると、多くの夫婦が子どもを保育所に預けてすぐに働き出す。ただ、私の孫を観察していても分かるのだが、母親は子どもが一歳を過ぎても子育てに大わらわである。言葉や感情的なやり取りを見ていても、この時期の母子間のコミュニケーションは重要であると個人的には思っている。

公園で育児に携わる父親たち

あるとき、妻がストックホルム市内で乳幼児を連れて戸外を散歩する保育園のグループに出会った。ぐずる子どもの一人に保育士はおしゃぶりをポンと与えて黙らせたが、その保育士の表情からは愛情があまりうかがえない、機械的な動作であったという。

ストックホルムでは、犬を飼っている勤労者のためにその愛犬を散歩させるという仕事があるが、腰に一〇匹あまりの犬の手綱を巻いて颯爽と闊歩する様子は実に壮観である。たとえは悪いが、ビジネスライクさにおいて、どこか相通ずるものを感じてしまう。

2　緊密な家族関係

かく述べたうえでスウェーデン人の名誉のために言っておくが、彼らの精神形成に何か日本人と大きく異なるところがあるとは思われない。家族の絆や人間関係を重視する姿勢は、ある意味で日本人以上に強いと感じることもある。とくに、休暇や週末はほぼ例外なく家族のための時間となっているし、家族ぐるみで長期休暇を夏と冬に取るということも慣例化している。

何よりも、スウェーデン社会は子どもに対して眼差しの温かい社会である。ドイツ語圏での在勤時代を振り返って、妻と私はそのことを実感することがたびたびあった。

ドイツやオーストリアでは、何の気兼ねもなく小さな子どもを連れて外食できる所といえば、中華料理店かハンバーガーショップが定番となっている。イタリア料理も、ピッツァリアならば大丈夫であろう。しかし、夕食に白いテーブルクロスの掛かったレストランに子どもを連れていくと、入り口で断られたり、運よく入れてもらっても、あからさまに周りのお客から嫌な顔をされたりすることがある。

おそらく、ドイツ的な発想では、夜八時を過ぎたら大人の時間であり、自分たちはお金を払ってその時間をおいしい食事とともに楽しんでいるわけだから、その雰囲気を子どもの嬌声で邪魔されたくないということであろう。現に、ドイツの小さな子どもたちは夜八時には寝ることとされており、テレビ番組はその時間を過ぎると大人向けが原則となっているため、時には過激な描写を含むものも放送されていた。

これに対してスウェーデンは、どこのレストランでも子連れだからといって嫌な顔をされることは「まずない」と言ってよい。ある年の夏休み、ストックホルムを訪れた私の娘と孫が現地に滞在してみて、そのことを再認識した。

レストランやカフェには、そのままベビーカーや乳母車で入ることが可能となっている。週末のカフェでは、「イクメンパパ」同士がベビーカーを傍らにコーヒーやビールを飲みながら歓談している光景も見られる。たぶん、ママたちは買い物や美容院など、自分の時間を過ごすのに忙しいのであろう。
また、ベビーカーでバスに乗ろうとすると、普通は出口となっている後部のドアを運転手が開けてくれる。そこに乗客がいればベビーカーを乗せる手助けをしてくれるが、誰もいないと運転手が降りてきて運び上げてくれる。

子どもが、夜遅く大人の時間帯にまで起きていることも別に不思議なことではないし、観劇やコンサート会場で子どもを見かけることも少なくない。スウェーデン人の私邸に夕食やレセプションで招かれた際、小学生ぐらいの子どもが食前酒（apéritif）を飲むゲストに対して、カナッペ（canapé）などが乗ったお皿を持って回るということも珍しいことではなかった。妻と二人で、スウェーデン人はこうして子どものころから社交に慣れる訓練をするのだと、つくづく身につまされる思いをした。

思い返せば、娘が同年代のときの在外勤務では、「客間には趣味の装飾品や美術品を飾り、客の目の届くところにある子ども用品はあらかじめ片づけておく」という大先輩の古典的な教えに従って、ぐずる娘をベビーシッターとともに子ども部屋に閉じ込めたものである。

このようなことからして、結論的にはスウェーデンの環境が育児に特段の悪影響を与えているとは思えない。多くの場合、両親は育児と共働きをうまく両立させているし、そもそもそれを可能とする制度的な枠組みが整っているといえる。

3 女性の社会進出を促すために払われた努力

意識的な啓蒙活動

スウェーデンでは、社会制度自体が女性の職場進出を前提に組み立てられているといっても過言ではない。女性も社会に出て男性と対等に働き、税金とともに年金や社会保険料を納めている。それなくしては、老後の年金や医療サービスは、いわば最低限度のものにとどまってしまうのだ。これが、先に述べた女性の労働人口に占める専業主婦の割合が極端に小さな理由といってよいだろう。

スウェーデンの進歩性を示す典型的な事例が男女の機会均等である。人口減少と社会の老齢化が進む日本でも、女性が育児や家事を両立させながら労働に従事し得る環境をつくることの重要性が説かれるようになっている。しかし、そのための環境を十分に整えることなく女性の社会進出を促すだけでは、女性の負担は逆に過重なものになってしまうだろう。

中立政策により第二次世界大戦の戦火を免れたスウェーデンは、鉄や木材など国内の豊富な資源をもとに急速な経済発展を遂げた。これに伴う労働力不足を補うために、近隣・南欧諸国などから移民を受け入れる一方で、潜在労働力として家庭の主婦が注目され、その活用を図る手立てが進められた。当時は、男性が外で働き、女性は家庭を守るというのが普通だったのだ。

一九六〇年代に入り、政府は主婦を賃金労働者にするための政策キャンペーンに乗り出し、社会の意識改革が積極的に進められた。具体的には、主婦を啓発するためのラジオ番組が放送され、インスタント食品やＴＶディナー(1)を活用して主婦の台所での負担軽減を図るべきこと、家電製品などの活用で生活の合理化を図ることなどが慫慂（しょうよう）された。

家庭で掃除機を活用する女性のポスター（1960年代）

充実した育児休暇制度

一九七四年には、世界で初めて男女両性が有給の育児休暇を取得できる制度が発足した。男性の取得を促進するために著名な重量挙げ選手が赤ちゃんを抱くというポスターを活用して、新制

（1）（television dinners）テレビを見ながらつくれるディナーということ。区分けされた容器に、肉、ポテト、野菜などが入れられている冷凍食品。オーブンや電子レンジで容器ごと温めて食べる。

度についての認知度を高めるためのキャンペーンが社会保険庁によって行われた。このポスターは、現在でも中高年の人々の記憶に残っているほど町中に張られたそうである。

今日では、父親と母親はそれぞれ、育児休業中となる二四〇日（合計四八〇日）の間、「両親手当」と呼ばれている所得補償を受けることができる。三九〇日間は、一定の上限はあるものの従前の所得の約八〇パーセントがカバーされる。このうち、六〇日は父親および母親の固有の受給期間とされており、譲渡ができないことになっている。父親も育児休業を取得しなければ六〇日間の受給権を失う仕組みにして、男性の育児休暇取得を促しているのだ。

重量挙げの選手が赤ちゃんを抱くポスター。男性による育児休暇の取得を啓発するためのもの（1970年代）

このような仕組みもあって、ほとんどすべての父親が育児休業を取得するという土壌ができ上がっており、夫婦で合わせて一年ほどの休暇を取得するというパターンが多い。また、子どもがある程度成長したならば、両親はフレックスタイムを活用して、勤務時間のシフトをずらしたりしている。

たとえば、子どもの保育所や幼稚園への送りは父親が行い、迎えは母親としたり、朝食の準備は父親のほうでする代わりに夕食は母親が準備したりするという具合に、夫婦間で仕事との両立が可能となるように育児や家事を分担している。

共働きの夫婦が直面する困難な問題の一つといえば、突然かかってしまう子どもの病気である。スウェーデンでは、子どもが八か月から一二歳になるまでの間、看病が必要になった場合、親は子ども一人当たり年間最大一二〇日間、看護休暇の休業補償（一定の上限はあるものの、従前の所得の八〇パーセント）を社会保険庁から受け取ることができるようになっている。

これは、働く祖父母が両親に代わって病気の子どもの世話をしたときも同様である。また、会社内で誰かが「子どもの病気で休まなければならない」と言うと、そのために内部の会議を延長することも厭（いと）わないほど、上司や同僚の理解が得られやすい職場環境が存在している。

ロヴェーン政権の成立時、閣僚の半数、国会議員の四五パーセントが女性であり、また中央官庁の管理職でも四四パーセントを女性が占めていた（二〇一三年時点）。中央統計局が公表する二〇一四年の数値を見ると、看護師・准看護師、介護ケアマネージャー・介護補助者、保育士、幼稚園教諭といった職業はいずれも女性の比率が八割を超えているが、とりわけ准看護師、介護補助者、幼稚園教諭ではその比率が九割を超えている。

社会進出における男女格差を示す指標として、世界経済フォーラム（WEF：World Economic Forum）が毎年公表しているものに「ジェンダー・ギャップ指数（Gender Gap Index）」というものがある。経済活動や政治への参画度、教育水準、出生率や健康寿命などから算出されているものだが、二〇一六年版の数値で見ると、上位はアイスランド、フィンランド、ノルウェーに続いてスウェーデンが第四位を占めており、北欧諸国が抜きんでている。

日本は、G7のなかでは最下位の第一一一位であり、第一一六位の韓国よりは上位であるものの、同じアジアのなかでもフィリピン（第七位）、シンガポール（第五五位）、ベトナム（第六五位）、タイ（第七一

女性閣僚が半数を占めるロヴェーン政権。2014年10月2日に成立した第一次内閣の顔ぶれ（撮影：Frankie Fouganthin）

位）、インド（第八七位）、インドネシア（第八八位）、中国（第九九位）、マレーシア（第一〇六位）などよりも下位となっている。日本は、教育や健康の分野で男女差は少ないが、男女の所得格差、管理職・幹部社員の女性占有率、国会議員の女性比率をはじめとして、政治と経済の分野では全般的に振るわない結果となっている。

女性の社会進出を促す税制上の枠組み

スウェーデンには、二種類の所得税があることは先に述べた。国税である所得税が付加的に課税されるのは高額所得者（年収が四〇万クローナ以上の者）にかぎられているので、国民の多くは所得課税を地方税として納めている。これらの所得税は、かつては夫婦合算方式で課税されていたが、給与所得を得る女性が増えるに従って、この方式による累進課税では家庭をもつ女性の給与所得者に不利に働くことが問題となった。

これを受けて、一九七一年に世帯単位から個人単位の課税方式（配偶者分離課税方式）に変更され、女性の社会進出が一層促されることになった。そして一九九一年には、配偶者控除制度も廃止されて、被扶養者である専業主婦を念頭に置いた税制は存在しなくなった。その結果、働かない女性は最低限の社会保障給付しか受けられず、必然的に働くべき立場に追い込まれることになった。

それ以外にも、住宅ローンを組もうとすると配偶者は連帯保証人的な位置づけと通常考えられるため、配偶者が扶養者と見なされる専業主婦の場合、ローンを組むための条件が厳しくなるという事情も存在している。

社会の意識改革キャンペーンの一環で、主婦の台所での負担軽減のために家庭でのTVディナー（七三ページの注参照）の活用が推奨されたことに関連してだが、妻を通じてある日本人女性の興味深い話を耳にしたことがある。この女性はスウェーデン人男性と結婚しており、現地での滞在歴が長いため子どもは地元の学校に通っていた。

あるとき、この子どもの友達がお泊り会で自宅に来たので、夕食に普段通り家庭料理（和食）を出した。するとこの友達が子どもに対して、「君は毎晩こんなご馳走を食べているのか！」と驚嘆の声を上げたそうである。普段、この友達が夕食にどのようなものを食べているのかは想像の域を出ないが、ドイツ同様、毎晩温かい食事にありついているわけではなさそうだ。

「エリクソン妻」

私がストックホルムに着任した当時、スウェーデン全体で在留邦人は約三〇〇〇人いたが、実にその約三分の二は女性であった。なかでも、スウェーデン人男性を配偶者にもつ日本人女性が多い。一説には、若きスウェーデン人のビジネスマンが仕事で日本に赴任すると、帰国時には日本人女性を配偶者として連れて帰るケースが多いという。若干揶揄する響きはあるが、現地では、スウェーデンを代表する企業の一つで日本企業とも縁の深い「エリクソン社」の名前を取って、彼女たちのことを「エリクソン妻」と呼ぶことがある。

比較の問題であるが、おそらく彼女たちの家庭的で献身的な姿勢がスウェーデン人男性には新鮮に映り、好まれているのであろう。女性の側でも、アジア的な粗野さがなく、妻や家庭を大事にしてくれる西欧人男性に惹かれるのは何となく理解できる。もちろん、スウェーデン人女性と結婚する日本人男性もいないわけではない。ただ、このような男性の場合、現地での暮らしが長いとか、国際経験が豊かであるとか、文化的に包容力がある人が多いような気がする。

夫婦の間で分担がなされているとはいえ、育児と家事を両立させようと努力する傾向が男性よりも強い女性には、どうしてもより多くの負荷がかかってしまいがちとなる。二〇一三年から二〇一四年にかけて行われた調査では、一年間で疾病手当を受給した女性の平均日数は、男性の約一・八倍となる一一・五五日であった。

中央統計局が公表する数値によれば、二九日以上の病欠をとる女性の就業者は、二〇一五年二月時点において、二〇歳代、三〇歳代、四〇歳代で男性の二倍以上、五〇歳代で一・七倍、六〇歳代で一・四倍と、いずれの年代でも女性のほうがかなり高かった。また、女性の精神疾患が着実に増大しているともいわれている。

ちなみに、人口一〇〇〇人当たりの離婚数で示される離婚率は、二〇一三年の数値で見ると、スウェーデンの場合は二・八と、日本の一・八やEU加盟国の平均（二〇一一年の数値で二・〇）に比べて高い。離婚によって婚姻を解消した者同士の婚姻期間は、スウェーデン平均で一一年と比較的短いものとなっている。

4 上昇に転じている出生率

執務室で新生児の育児をする女性大臣

スウェーデンでも、一九七〇年代から一九八〇年代には女性の社会進出に保育所の拡充が追いつかず、待機児童の問題が発生したそうである。また、一九九〇年のバブル崩壊を受けて一九九二年に通貨危機を経験したスウェーデンでは、一九九〇年に二・一であった合計特殊出生率が一九九九年には一・五まで低下するという社会現象にも見舞われた。

しかし、その後、前述したように出産・子育てと就労の両立のために着実な改善が図られ、景気も上向きに転じた結果、出生率も回復傾向となり、二〇一四年時点で一・九へと再び上昇している。

ストックホルムの街中では、若いカップルが一人以上の子どもを連れているという光景をよく見かけるが、とくに収入の高い家庭では三人の子どもをもつことがトレンディとなっているそうだ。多くのカップルにとって、仕事のみならず家事や育児を切り盛りできる能力の高さを誇示することがステイタス・シンボルになっているのであろう。

二〇一四年七月、森まさこ内閣府特命担当大臣（少子化問題・男女機会均等問題担当）がスウェーデンを訪問して、所掌（しょしょう）事務に関連する施設を視察し、さまざまな関係者と意見交換を行った。一連の行事のうち非常に印象深かったのが、夏休み中につき、少子化問題もあわせて担当するビルギッタ・オールソン（Birgitta Ohlsson, 1975～）消費者担当相との会談であった。

大臣執務室に向かう我々一行を、同大臣は生後間もない赤ちゃんを腕に抱いて出迎えたのである。執務室内には簡易のベビーベットとオモチャが置いてあったが、会談がはじまると赤ちゃんはベビーシッターと思しき女性に預けられて室外に連れていかれた。

森大臣が、「いくら閣僚とはいっても、産後の育児

ビルギッタ・オールソン消費者担当相との会談に臨む森まさこ内閣府特命担当大臣

休暇ぐらい取ったほうがよいのではないか」と示唆したのに対して、オールソン大臣は、「自分にも育児休暇の権利はあるが、大臣としての職務が忙しすぎて、この権利を行使する余裕がなかなかない」と釈明していた。女性の議員や閣僚でも育児休暇を取得する人が多いだけに、この発言は印象に残っている。

ブレジンスキー元アメリカ大統領補佐官も驚いた「イクメンパパ」事情

私が在任中の駐スウェーデン米国大使は、カーター大統領時代のズビグニュー・ブレジンスキー（Zbigniew Brzezinski, 1928〜）安全保障担当大統領補佐官の子息であるマーク・ブレジンスキー（Mark Brzezinski, 1965〜）大使であった。国務省生え抜きの外交官ではなく、民主党オバマ大統領の誕生に際しての功績を買われて政治任命された人物である。そのブレジンスキー大使が私に語ってくれたエピソードが面白い。

季節のよいある夏、息子を訪ねた父親がストックホルム滞在に慣れたころ、息子に向かって次のように述べたそうである。

「この国は変な国だな。街のあちこちで男がベビーカーを押したり、カフェで彼らが子どもをあやしたりしながら育児をしてるぞ」（六八ページの写真参照）

スウェーデンではどこででも見かける光景であるが、年配のアメリカ人紳士には奇異に映ったようだ。アメリカ社会は、日本に比べれば男女の機会均等の進んだ国であるが、それでもスウェーデンの現状は進歩的に見えたということである。

後日、この話を我が大使館の若手男性館員に披露しつつ、「本当、スウェーデン社会は特異だね」と補足したところ、厚生労働省から出向している小園英俊書記官が、「でも大使、最近は日本でもあまり珍しい光景ではなく、私もよくやっていました」と述べたのにはびっくりした。私もブレジンスキー元大統領補佐官同様、古い世代の人物になりかかっているのかもしれない。

5　多様な価値観の家族関係

愛情が根源的要素

スウェーデンの家族関係では、日本ではあまり見られないユニークな側面が存在する。家族の絆を人一倍大切にすることは前述したが、「夫婦」の関係も誠に多様である。最近では、日本でも東京・渋谷区や世田谷区のようにＬＧＢＴ（性的少数者）の権利を認め、可能なかぎり婚姻に近い制度的な枠組みを築き上げようとする試みがなされている。ヨーロッパでは、すでにこのような枠組みができ上がっているところが多いわけだが、スウェーデンは格別なものとなっている。

毎年、六月下旬から七月上旬の時期にかけて、ゴットランド島の中心都市ヴィスビー（Visby）で開催される政治集会「アルメダーレン（Almedalen）」を私が初めて訪れたのは二〇一四年夏のことであったが、その機会にCNNのコメンテーターとして名を馳せているファリード・ザカリア（Fareed Zakaria, 1964〜）氏の講演を聴く機会があった。ザカリア氏は冒頭、「スウェーデンを訪問するのは初めてだが、この金髪碧眼とフリーセックスの国には関心があり、一度来てみたかった」と述べて会場を笑わせていた。

この言葉が印象に残ったのは、私が抱いていたスウェーデンについての連想の一つに呼応していたからである。しかし、実際

政治集会「アルメダーレン」の期間中は、ヴィスビー市内の至る所で政治談議が行われる

コラム1　ハンザ都市の面影を残すゴットランド（Gotland）島

バルト海に浮かぶスウェーデン最大の島であり、ストックホルムから飛行機で小1時間、フェリーに乗って5時間余りで行くことができる。島名は、先史時代からゴート族の居住地であったことに端を発する。人口は約6万人で、約3分の1がヴィスビー（Visby）に居住する。主な収入源は観光と農業だが、シルル紀の化石サンゴ礁に由来する石灰岩も産出する。

ヴィスビーは歴史的にも興味深い街である。5000年以上昔から様々な民族が行き交う島であったことが、最近のDNA検査で明らかになっている。多くのアラブ世界の通貨も発見されており、かつては広範囲に渡る交易が行われていたと推測される。バイキング時代を通じても交易地として栄え、その一端は1999年に北東部スリーテ（Slite）で発掘された「銀の財宝(Spillings Hoard)」からもうかがい知ることができる。中世にはハンザ同盟都市として他の都市と覇権を競ったが、現在でもその頃の街並みが残っており、ユネスコの世界遺産に登録されているほか、映画『魔女の宅急便』（宮崎駿監督、1989年）のモデル地の一つになった。

初夏、「アルメダーレン」が開催される時、島中が参加者や観光客で溢れかえる。この行事は、パルメ（Olof Palme, 1927～1986）首相がこの島で夏休みを過ごした1968年に始めた政治対話を契機とするが、今では夏休み前の一大政治集会となっており、各党党首をはじめとする政治家や財界首脳が多数参加している。外交官にとっても、内政動向を学び、政治家や経済人と親しく意見交換するよい機会なので多くの各国大使が参加している。

ゴットランド島で見かける建物

スウェーデンに暮らしてみると、このステレオタイプは誤解に基づく表層的な見方であると思うようになった。

基本的に、スウェーデンの人々は、パートナー関係や家族関係の構成要素は愛情を基本としており、その前提が崩れた場合には、世間体や社会的な地位を理由にしてその関係を維持しようと無理をしないのではないかと思う。さらに言えば、人が愛情で結び付く関係をあくまでも個人の問題としてとらえ、自らの人間性に従って素直に生きているのではないかと感じる。

この点について、現地での暮らしが長い三瓶恵子氏は次のように述べている。

「(スウェーデンでは)結婚や同棲(どうせい)は愛情のみにもとづいていて、愛がなくなればパートナー関係はすぐに解消されます」(前掲『人を見捨てない国、スウェーデン』ⅴページ)

スウェーデン社会には、「サムボ(sambo)」と呼ばれる内縁関係を公に認める仕組みがある。私の周囲を見わたしてみても、社会的地位の高い財界人や政治家の間にも離婚経験者が結構多いが、個人的な印象では、離婚経験者はその後に親しくなったパートナーとはサムボの関係を維持することが多いようだ。

基本的に、財産分与を除いて、サムボに対しては法律的な権利義務関係が認められている。社会的にも配偶者として認められ、そのように扱われている。ただ、長年にわたって連れ添い、子ども成長したサムボ関係にあるパートナー同士がその後婚姻関係に入るという例もあるようなので、それぞれの事情は複雑である。

子どものために家庭という環境を大切にする精神

子どもの成長や情操のために、家庭という環境を大切にするスウェーデンの社会的気風は印象深い。夫婦が離婚に至り、仮にそれぞれが新しいパートナーを見つけて共同生活に入ったとしても、通常、それぞれの住宅には子どものための部屋が設置され、子どもは両方の家を一定期間ごとに行き来することが権利として認められている。

別れた夫婦が子どものために会って、一緒に食事をしたり、旅行に出掛けたりすることもある。子どもには、そんな権利まであるのだ。時には、双方の家族が全員一緒に会って食事をすることもあるという。

私の妻が知り合いの女性から聞いた話には驚いた。その女性は、別れたご主人が新たに結婚した女性、さらには自分の前にその男性と結婚していた女性（つまり、自分の前に妻であった女性）と一緒にときどき昼食をとり、その男性のことを肴にして雑談をするそうである。何とおおらかで、わだかまりのないことだろう。

スウェーデンが社会内で生じた不都合を社会全体で補填する仕組みをつくり上げていることに

ついてはすでに触れたが、教育は無料、児童手当も潤沢、慰謝料や養育費も心配しないでいい、となったら気軽に（？）離婚もできようというものである。

これらについては、さらに驚くべき事例もある。

二〇一四年一月二四日、スウェーデンで日本語を学ぶ若者を励まそうと、初の日本語弁論大会が開催された。大会は、ストックホルム大学日本語学科、日本人商工会、ストックホルム日本人会の協力を得て、大学で開催された。初級、中級、上級と、それぞれ自己の経験談を踏まえて興味深い主張が行われたのだが、一人の若い女性が「自分には三人お母さんがいる」と述べたときには、一瞬、どういうことだろうと耳

日本語弁論大会の参加者一同。最優秀者には、日本往復航空券が贈られた

を疑ってしまった。

よく聞くと、次のような事情であった。彼女の両親は離婚してしまったようだが、彼女には自分を産んでくれた「お母さん」、そしてこのお母さんが再婚した女性（「お母さん」）、加えてお父さんが新しく再婚した「お母さん」がいるというのである。その話を聞いて、本当にスウェーデンならではの話だと妙に感心してしまった。

彼女が最後に、「たくさんの家族みんなで楽しくしています」と笑顔で語る様子は微笑ましく、同時に、このように進歩的なスウェーデン社会からは一種の爽やかな印象すら感じた。

なお、この弁論大会に参加する女学生の一人が、日本での滞在経験を踏まえて、多くの日本人女性が結婚後は家庭に入り、主婦として育児や家事に専念する姿を見て、「同じ女性として羨ましいと感じた」とスピーチで述べていたので、スウェーデン人女性の専業主婦についての見方の一つとして記録にとどめておきたい。

6　性犯罪認知件数の高い国

一見矛盾するようだが、スウェーデンは人口一〇万人当たりの性犯罪認知件数が高い。国連薬物犯罪事務所（UNODC：United Nations Office on Drugs and Crime）と欧州犯罪防止規制研究所（European Institute for Crime Prevention and Control）が二〇一〇年にまとめた統計によれば、人口一〇万人当たりの認知件数がヨーロッパで第一位、世界でも第七位とされている。これは、隣国ノルウェーの二・三倍、イギリスの一・六倍、アメリカの一・三倍という件数になる。

もっとも、複数の罪名にあたる一つの犯罪を複数の統計で取るのか、主たる犯罪一つで取るのかといった統計上の手法によっても差異が出る点には留意が必要であり、日本の場合は後者であるのに対して、スウェーデンは前者となっている。また、被害者が積極的に被害届を出すのかどうかといった社会的な土壌にも影響を受ける。スウェーデンは、被害届の出される割合が高いといわれている。

ウィキリークス（WikiLeaks）の創始者であるジュリアン・ポール・アサンジ（Julian Paul Assange, 1971～）氏は、二〇一〇年、強姦罪でスウェーデンにおいて告訴され、現在は逃亡先の在英エクアドル大使館に匿われているが、彼に対する起訴事実が、被害者の意志に反して避妊具を着けなかったことをもって強姦罪とされているように、社会性を反映して犯罪性が広範囲であることも国際比較を難しくしている。

スウェーデン国会では、強姦罪の構成要件の改定をめぐる議論が盛んであり、「強姦（rape）」という概念を廃して広く「性的攻撃（sexual assault offences）」の概念を取り入れるべきこと、

コラム2

ノーベル賞に匹敵する「ストックホルム犯罪学賞（Stockholm Prize in Criminology）」

ノーベル賞が自然科学の振興に果たす大きな役割に注目して、人文科学の分野においても同様の効果をもたらすことを意図して創設されたのが「ストックホルム犯罪学賞」である。トルステン・セーデルベリ（Torsten Söderberg, 1894～1960）財団からの寄付を原資として2006年に司法省によって創設されたが、現在では「犯罪学のノーベル賞」と言われるほど権威のある賞となっている。

毎年、犯罪学の研究や研究結果の応用に顕著な功績のあった人物に贈られており、賞金は100万クローナ（約1,500万円）となっている。私が市庁舎での授賞式に出席した2014年の受賞者は、カーネギー・メロン大学ダニエル・ネイギン（Daniel S. Nagin）教授とスタンフォード大学のジョーン・ピーターシリア（Joan Petersilia）教授だった。前者は刑事罰の抑止効果、後者は前者同様、刑罰、拘留、恩赦、再拘留といった措置がもたらす効果について長年研究を行ってきた。

実は、この賞の選考には日本も関係している。すなわち、審査委員の一人に静岡県立大学の津富宏教授がいるほか、同賞の寄付団体として「日立みらい財団(*)」が名を連ねている。

2013年の受賞者とアスク司法大臣（左）

（*）「犯罪や非行のないより良い社会をつくるために」を目的としてつくられた財団。2015年4月1日、小平記念日立教育振興財団、倉田記念日立科学技術財団、日立環境財団、日立国際奨学財団とともに合併され、「日立財団」となっている。

性犯罪の成立には強制行為や暴力の有無にこだわることなく、そこに自主性と同意が存在したかどうかへと主眼を移すべきこと、そして被害者に対する法的支援をより拡充すべきこと、などが論点となっている。

我が国の「法務省法務総合研究所」が取りまとめた分析によれば、性的事件について正確に測定することには困難が伴うそうである。そもそも、何をもって受け入れがたい性的行動と見なすかについては、国ごとに社会的な土壌が異なるからであろう。過去に行われた解析結果によれば、男女の平等が進んでいる国ほど性的事件の被害率は高いそうである。男女の平等、女性の自立が進んでいる社会では、女性が性的事件の被害についてより率直に回答することができるため、被害率が高めに現れるとのことである。

第5章 徹底した平等主義

1 王位継承にも反映される男女平等

スウェーデンにおける男女共同参画はかなり徹底したものとなっている。それは、王室においても同じである。

カール一六世グスタフ国王（King Carl XVI Gustaf, 1946〜）とシルヴィア王妃（Queen Silvia, 1943〜）との間には三人の子どもがいる。一九七七年生まれの長女ヴィクトリア皇太子（Crown Princess Victoria）、一九七九年生まれの長男カール・フィリップ王子（Prince Carl Philip）、そして一九八二年生まれの次女マデレーン王女（Princess Madeleine）である。もともと、スウェーデンは男子系統の王位継承となっていたが、憲法の一部を構成する「王位継承法」が改正されたことによって、一九八〇年一月一日をもってヴィクトリア王女が皇太子に就任した。

美術館やデパート、レストランなどといった公共の場所では、トイレも男女共用のことが多い。これも男女平等のなせる技であろうし、スペースの有効利用にもかなうものである。ストックホルムに着任した当初、トイレから出てみると金髪のうら若き女性が待っていてびっくりしたことがある。次第に慣れるものだが、それでも入るときに男性用なのか男女共用なのかをよく確認し、間違っても女性専用に飛び込まないように気を遣う必要があった。

あるとき、ノルウェー海軍の艦船内では、シャワーや宿泊施設も完全に男女平等にするというニュースを耳にした。防衛駐在官にこの話をしたところ、「今日では、日本の自衛隊でも女性隊員の乗船を認めているのだが、そのために必要となる艦内の仕様変更は大変だった」と言っていた。ノルウェーの事例をスウェーデン人に話したら、「おそらく、自国ではそこまでいくまい」という声のほうが多かった。

2 「あなた（ni）」を避けて「君（du）」を使う語法の変化

男女同権にとどまらず、平等の観念が徹底しているのもスウェーデン社会である。今日のスウェーデン語では、ドイツ語やフランス語で二人称の「あなた（Sie や vou）」にあたる言葉「ni」を避け、「君（du や tu）」にあたる言葉「du」に統一してしまっている。職場でも、上司を含めてファーストネームで呼び合うことが通例となっている。

学生と教授はどうかと問うと、これも「君」のほうが多いようで、「あなた」とすると非常に距離感のある慇懃無礼な響きがすると説明してくれた人がいた。では、国王と会話をするときも「君」で通すのかと思ってしまうが、さすがにそれはないという。尊称の第三人称で話しかけるか、何となく曖昧な対応にするとのことである。

私も国王に話しかけるときは、最初は英語で三人称を使ったが、どうも面と向かっての会話では違和感があるので、多くの場合、まず「陛下（Your Majesty）」と呼びかけたあと「あなた（you）」で続けることが多かった。英語の場合、「あなた」も「君」も同じ単語「you」なので何の問題もない。

スウェーデンと対極にある国といえば、同じく「小さな国」であるオーストリアであろう。私は、二度ウィーンで在勤している。オーストリア人は、古典的な身分社会の名残なのか、肩書や階級に妙にこだわる。名前を呼ぶとき、「教授」や「博士」などの称号をもった人物には、必ずこれを付けて名前とともに呼んでいる。

仮にある教授が博士号を三つもっていたら、「プロフェッサー」に加えて「ドクター」の称号を三回繰り返してから名前に入ることになる。「Prof. Dr.Dr.Dr.Schmidt」という具合であり、一つでも「Dr.」が省かれたりすると不快感を露わにする人もいる。仮に「博士」を取得していなくても、大学で経営学を学んだことをきちんと示すために「経営修士（Diplom-Kaufmann）の○○さん」と呼びかける必要がある。

また、高位の官僚に対しては、職掌上の肩書である「局長職（Ministerialrat）の○○さん」や「市の助役職（Stadtrat）の○○さん」と呼びかける。大使館の現地職員は、書記官にまで「○○書記官殿（Herr Sekretär ○○）」と呼びかけている。したがって、大使はウィーンのいわば名士であるので、「閣下（Exzellenz）」とか「大使殿（Herr Botschafter）」という尊称をもって呼びかけられるのが通例となっている。

余談だが、駆け出しの私に外交官の心得を教えてくれた当時の村田良平大使(1)は、二〇シリング札（約二〇〇円相当・当時）の新札を数十枚集めて、一方を糊付けしていつもポケットに忍ばせていた。ホテルやレストランで席に案内してくれるボーイ長や、コートを預かってくれるウエートレスなどに、いつでもさりげなくチップとしてわたせるように心掛けていたのである。

当時のオーストリアには、社会に深く根付く、かくも格式ばった側面があったのだ。平等を旨とするスウェーデン社会においては、そもそもこのような配慮は不要となる。同じヨーロッパの「小さな国」でありながら、両者の対比には大いに興味をそそられる。

3　外交官はクレジットカードもつくれない！

今述べたように、スウェーデンは対照的で、非常に興味深い。

着任して間もないころ、ビジネスランチのためにあるレストランを日本国大使の名称で秘書に予約してもらった。約束の時間の少し前に現地に着いて、「日本の大使だが、事前に予約を入れておいたと思うので……」と言っても、若い受付の女性は「それがどうした」という感じで、コンピュータ画面を見つめながら、「予約は入っているけど、席をつくるまで少し待って」とつれない返事だった。それ以来、日本国大使の名称でレストランの席を予約するのはやめてしまった。オーストリアのように、霊験あらたかではないのだ。

着任表敬のために訪れたオーストリア大使も述べていたが、そもそも外交官はスウェーデン社会であまり信頼されていない。現に、外交官はクレジットカードをつくることができない。さまざまな理由があろうが、外交官は任国との関係で特権免除を享受するため、仮に問題が生じても訴訟に訴えることができないので、債務も取り損ね兼ねないということであろう。

(1)　(一九二九～二〇一〇) のちに外務事務次官、駐米国大使、駐ドイツ大使を歴任した。

たしかに、一〇〇か国を超える国の外交官が駐在しているわけだから、なかにはさまざまな事情を抱えて借金を踏み倒すような外交官がいるのかもしれない。ただ、私の四〇年を超える外交官生活において、在外勤務でクレジットカードの作成が認められなかった国はスウェーデンだけである。

一般に、外交官が享受する特権免除については、外交関係に関するウィーン条約で定められた公館や外交官の身体・財産の不可侵をはじめとする核心になる要素がある一方で、経済的、社会的な分野を中心に、外延的な領域で認められる特権免除については任国によってかなりの程度差異がある。スウェーデンの場合、私がこれまで勤務した国々に比べてその範囲を狭く解釈する傾向が見られたが、これなどもスウェーデン社会の平等な性格を反映したものといえる。

4　首相が病院の一般待合室で順番を待つ社会

前節以上に面白い逸話がある。我が大使館員が、病院でアポイントの順番が来るのを待っていた。すると、看護師が「ステファン・ロヴェーンさん」と聞き慣れた名前を呼んでいる。周りを見わたすと、「ハーイ」と返事をして、お付きもないままロヴェーン首相が立ち上がり、診察室に入っていったそうだ。

スウェーデンでは、政府の閣僚や政党の要人がすべて公用車を利用しているわけではない。普段、地下鉄を使用している妻が、野党のある党首がリュックサックを背負って電車に乗り込むところをホームで見かけたこともある。とりわけ、国民に近いところにいることを基本姿勢とする政治家にその傾向が強いのだが、それがゆえに、現職のオロフ・パルメ首相やアンナ・リンド（Anna Lindh, 1957～2003）外相が映画鑑賞後の公道や買物中のデパートといった公共の場で暗殺されるという悲劇を生む原因ともなった。さすがに、その後は公安警察による要人警護は強化されているが、今でも閣僚すべてに警護官が配置されているわけではない。

あるとき、ロヴェーン首相が海外出張の帰路、急きょ体調を崩してアーランダ空港からカロリンスカ研究所付属病院に緊急搬送されるということがあった。しばらくして、新聞に以下のような興味深い、同病院の発表が掲載された。

カロリンスカ研究所付属病院は、緊急患者が首相や他の閣僚であっても特別の扱いはしないが、今回はセキュリティーおよびプレス対策の観点から、待合室が別途用意された。

何と平等な社会であることか！　首相であっても、ごくかぎられたときにしか特別扱いはされないということである。

余談だが、二〇一四年三月にリトアニアを訪ねたとき、同僚の日本国大使が主催する公邸夕食会に客の一人として同国に駐在するスウェーデンの女性大使も招かれ、彼女から興味深いエピソードを聞いた。

EUの首脳が一堂に会する欧州理事会の開催地では、各国大使館は首脳のためのホテルを早くから手配しなければならないのだが、バルト諸国のように比較的小さな国で、ホテル事情があまりよくない所では、各国が陣取り合戦をするので大変になるそうだ。ところが、スウェーデンの場合、本国からの指示は、「首相用には、機能的でこぎれいなビジネスホテルを予約すればよい」というものであったという。

他国の大使のように、ホテルの確保をめぐって気苦労をする必要がない。これなども、国民を代表する首脳の外遊にまつわる平等性、実用性、透明性を表しているようで興味深い。

5 海外出張でビジネスクラスを使いすぎて辞任を余儀なくされた副大臣

私が日本に戻ってしばらくした二〇一六年の夏、社民党首班政権成立時からインフラ事業を所掌(しょしょう)するアンナ・ヨハンソン（Anna Johansson, 1971〜）大臣のもとで副大臣を務めていたエリック・ブローマンデル（Erik Bromander, 1977〜）氏が辞任したとの報に接した。同副大臣は大の日本ファンで、スウェーデン政府が進める高速鉄道導入計画の担当でもあったので、私もときどき会って、日本の新幹線事情などについて説明する機会があった。もちろん、日本へも数度出張として訪れていた。

辞任の理由は、ブローマンデル副大臣が規則を犯してビジネスクラスで海外旅行を行ったこと、また一部の出張を私的な休暇と結び付けていたことが発覚して、世論の批判が高まったためである。〈ダーゲンス・ニューヘテル〉紙が報ずるところによれば、少なくとも官費で行った二七回の出張のうち、五回のビジネスクラスによる海外出張が不適切というものであり、出張経費八二万九〇〇〇クローナのうち、四万一〇〇〇クローナを辞任後に返還することになったという。

親日家のブローマンデル氏が公職を去ったのは残念であるが、多忙な副大臣にもビジネスクラスでの海外出張を厳しく監視する国民の目は、首相でも病院の一般待合室で待たせるスウェーデン社会の平等性に相通じるものがあるようだ。

6 「Tシャツと燕尾服の国」

スウェーデンには格式張ったところがないかといえば、必ずしもそうではない。さすがに伝統のある王国だけあって、歴史に裏打ちされた機会に接することもある。前任の渡邊芳樹大使から引き継ぎを受けた際、スウェーデンは「Tシャツと燕尾服の国」という説明を受けていた。そのときはあまり実感がなかったが、現地での生活を経験してみると、この表現は実に言いえて妙であると思った。

平等社会とはいえ、スウェーデンにも隠然たる形で階級社会はある。それは、王室を取り巻く形でもっとも顕著なのだが、これに政治家や財界人が連なっている。普段は国民への近さを強調して開かれた王室を標榜しているが、やはり王室に関連する行事には格式ばったものが多い。

典型的なものは、大使による信任状捧呈式である。元首である国王に対する新任大使の信任状捧呈の際には、王宮から差し回された馬車に乗って会場に向かうが、そのときの服装は、本来夜間の行事に着用すべき最正礼装のホワイトタイ（燕尾服）となっている。勲章をもっているときにはこれを佩用するが、王宮儀典の説明によれば、もっている勲章はいくつ着けてもよいという。

外務省に長く勤務していても勲章に縁のない同僚が結構いるが、私の場合はオーストリア、イタリア、フランス、オランダおよびオマーンから勲章を授与されるという機会に恵まれた。とりわけオマーンのものは、外交に携わる者に与えられる最高位のものであり、初代の駐米オマーン大使の名にちなんで「勲一等ヌウマーン勲章（Al-Nu'man Order, First Class)」と呼ばれている。そこで、当日、私はオマーンの大綬章にオランダの「オラニエ・ナッソウ勲章」をそれぞれ身に着けることにした。

かつて私が仕えたドイツ駐在の日本国大使が連邦大統領に信任状を捧呈したときは、昼間の行事であったこともあり、慣例に従って最正礼装のホワイトタイではなく、正礼装であるモーニングコートを、随行者を含む全員が着用して大統領府に赴いた。ち

右から、新沼敬一等書記官、鈴木亮太郎公使、瑞外務省式部官のベングト・ルンドボリ（Bengt Lundborg）大使、筆者、スウェーデン側の武官、内山浩成防衛駐在官、蹴揚秀男一等書記官

なみに、このモーニングコートの着用は、日本で天皇陛下に対して行われる諸外国大使の信任状の捧呈式でも同様である。

最正礼装は、アルフレッド・ノーベル（Alfred Bernhard Nobel, 1833〜1896）の命日である一二月一〇日に行われるノーベル賞授賞式でも同様となる。夕方四時からストックホルム・コンサートホールではじまるのだが、そこではホワイトタイ（ないしナショナル・コスチューム）の着用が求められる。

夜には市庁舎でノーベル・ディナーが開催され、そこでもホワイトタイの着用が求められるので、授賞式からそちらに流れ込むには便利であるが、ノーベル・ディナーにすべての外交団が招かれるわけではない。そこには、受賞者を輩出した国の大使と近隣北欧諸国の大使だけが招かれるので、大方の大使は授賞式かぎりの最正礼装となる。

受賞国の大使は翌日の王宮晩餐会にも招かれるが、そこでのホワイトタイ着用は当然となる。ホワイトタイはレンタルと決めている大使も現地には少なからずいるが、私の場合、前任者の意見も踏まえて日本から持参した。念のためにと、モーニングコートとブラックタイも持参したが、それぞれ使用する機会があった。前者は離任にあたって国王に拝謁するときであり（二〇四ページの写真参照）、後者はマルクス・ヴァレンベリ賞（**コラム3**を参照）を日本人三名が受賞したときであった。

コラム３　ノーベル賞に匹敵する「マルクス・ヴァレンベリ賞（Marcus Wallenberg Prize）」

1980年、スウェーデンの一大財閥「ヴァレンベリ家」に所属するマルクス・ヴァレンベリ（Marcus Wallenberg, 1899～1982）博士の功績を称え、森林学・木材科学における基礎研究や利用技術の研究開発を奨励するために創設された賞で、「森のノーベル賞」と称される。賞金は200万クローナ（約3,000万円）となっている。

2015年、アジアで初めて３名の日本人が受賞した。その３名とは、東京大学大学院農学生命科学研究科の磯貝明教授、同所属の齋藤継之准教授およびフランス・グルノーブルの植物高分子研究所の西山義春博士である。彼らは、材料工学の分野で新素材として重要性を増すセルロース・ナノファイバーを、従来よりも簡単に、しかも低価格で取り出すことができる方法を発見した。セルロース・ナノファイバーは、炭素繊維と同様、加工すると鉄鋼の５倍の強さをもちながら比重は５分の１程度の新素材になる。また、保湿性に優れているので、化粧品や医薬品への応用も可能である。言うまでもなく、循環型社会の構築にも大いに役立つことになる。

同年８月28日、ノーベル賞の受賞者が毎年滞在するグランドホテルで、国王王妃臨席のもとに授賞式が行われた。マルクス・ヴァレンベリ氏（SAAB 会長・SEB 銀行会長）から３名の功績が紹介されたのち、磯貝教授が代表して受賞記念講演を行った。引き続き、和やかな晩餐会の席へと一同は移動した。

カール16世グスタフ国王から証書を受け取る磯貝教授。国王の右はマルクス・ヴァレンベリ会長（提供：Marcus Wallenberg Foundation）

このような機会をむしろ例外として、スウェーデン社会はきわめてカジュアルといってよい。夏場にかぎらず、一年を通じて男性はネクタイをすることが少ない。テレビのアナウンサーや天気予報士も、普段はあまりスーツにネクタイという姿をしていないし、官庁でも同じである。数少ない例外の一つは、王宮府の関係者であろう。そういえば、王宮府にリンドクヴィスト長官を訪ねたとき、彼はいつもスーツないしブレザー姿でネクタイを締めていた（二一四ページ参照）。

余談であるが、ヨーテボリに出張したとき、現地にいる日本企業の代表者と懇談する機会があった。ヨーテボリには「ボルボ（VOLVO）社」の本社があり、自動車関係の部品を供給している日本企業も多い。そこで、スウェーデン社会の服装に話題が及んだとき、ある支店長が「自分も着任当初は日本のときと同じくずっと背広姿であったが、ある日、現地の職員からそのような服装でいられると距離感を感じるのでやめてほしい」と言われたそうである。平等性を貴ぶスウェーデンならではの話だ。

この種の「和の精神」は、スウェーデンの職場では重要となる。お茶の時間である「フィーカ」や季節の風物詩である「ザリガニ・パーティー」、そして折々のバーベキューなども、職場の人間関係をスムーズにするための潤滑油としての役割を果たしている。

第6章 スウェーデンの外交・国防政策

1 二〇〇年にわたる永続的な平和をもたらした「中立政策」

スウェーデンは巧みな「中立政策」を駆使して、ナポレオン戦争後のウィーン会議（一八一四年～一八一五年）以降、二〇〇年にわたる平和を享受してきた。あまり報じられなかったが、二〇一五年はスウェーデンが戦争を経験することなく過ごした二〇〇年を記念する年であった。中立政策をとる国としてはスイスとオーストリアがよく知られているが、スウェーデンの中立とこれら二か国の中立には法的な違いがある。

スイスとオーストリアの場合、国際法によって中立が規定されており、その中立を尊重する規範意識には一段高いものがある。しばしば両国は「永世中立国」と称され、あらゆる戦争に際して中立的な立場を取ることが法的に義務づけられている。これに対してスウェーデンの中立は、自国の外交政策として打ち立てられたものであり、一定の裁量があるようにも見えるが、その維持には並々ならぬ努力が払われてきた。

かつてスウェーデンが、北欧からバルト沿岸、ロシアに及ぶ広範な地域を支配下に置く「バルト帝国（Det svenska Östersjöväldet/Stormaktstidens Sverige）」を築いていたという事実は日本ではあまり知られていない。一五二三年にグスタフ一世（Gustav I, Gustav Eriksson Vasa, 1496～1560）がデンマークの圧制から自国を解き放って独立を果たして以降、スウェーデンは国力の充実を図り、キリスト教の新教徒と旧教徒が戦った三〇年戦争（一六一八年～一六四八年）に際しては、時のグスタフ二世アドルフ（Gustav II Adolf, 1594～1632）が新教徒側から参加し、「北欧の獅子（The Lion of the North）」としてその存在を恐れられた。

三〇年戦争に勝利したスウェーデンは、デンマークをバルト海の対岸へと追いやることに成功する。しかし、この隆盛も長くは続くかず、スウェーデンは台頭するロシアの覇権に次第に押し戻され、一七〇〇年の「北方大戦争」に敗北してからはバルト海の権益を急速に失って、やがてフィンランドもロシアの影響下に入ってしまい、大国としての地位から転落してしまった。

スウェーデンの「中立政策」は、このような歴史的背景から生まれ、大国としての野心を捨て、疲弊した自国の経済運営に集中するための方策として規定されたものであり、国際法によって規定されたものではない。その意味では自立性があり、柔軟である。

図３「バルト帝国」における領土の変遷

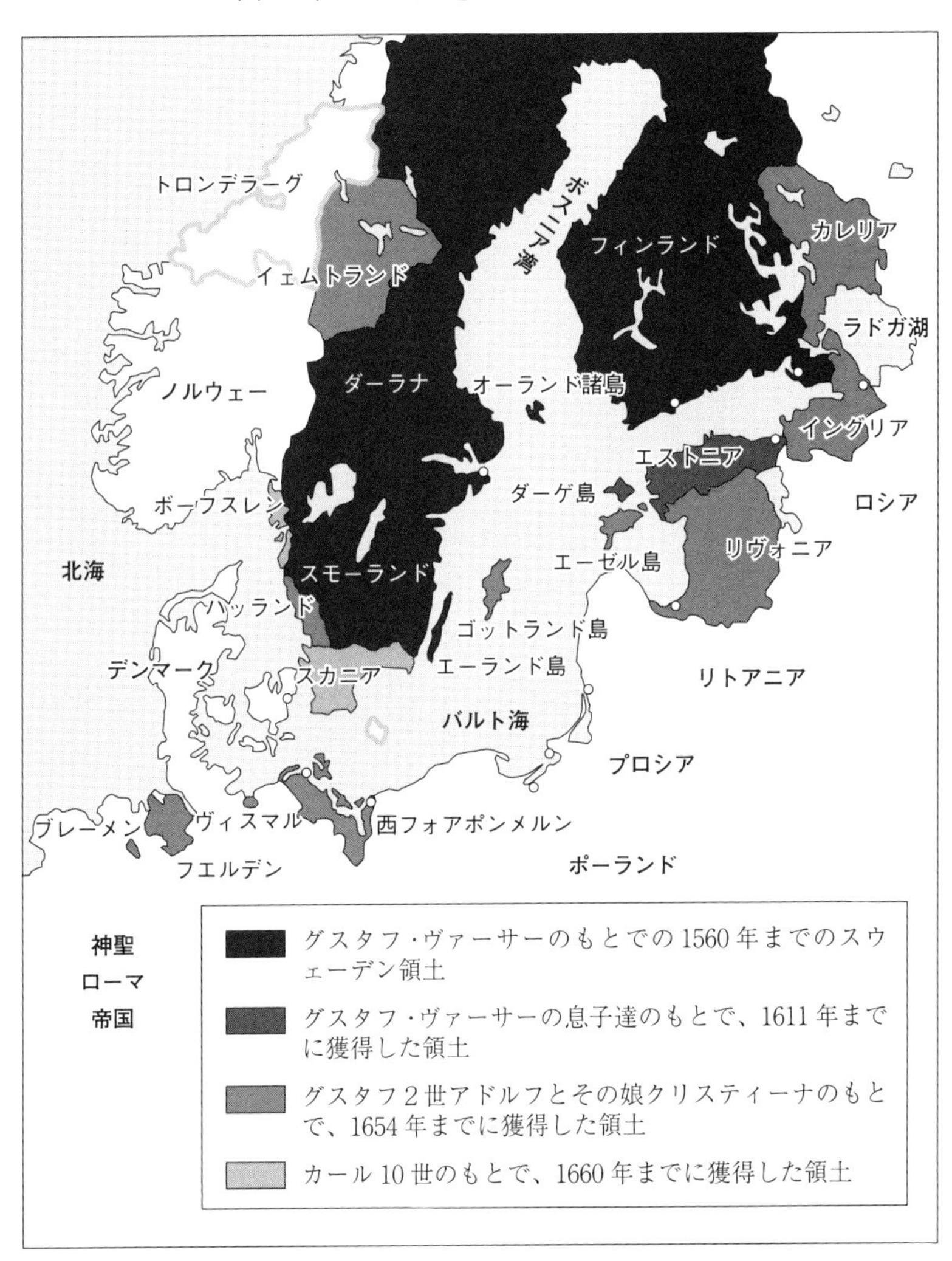

このような政策は、二度にわたる世界大戦を経て、国際社会が世界の平和と安定に一致団結してあたろうとする過程で次第に形骸化していくことになる。とりわけ、両大戦後に設立された国際連盟と国際連合のいずれもが集団安全保障体制を確立したことに伴って、いずれの加盟国も紛争を引き起こした国との関係で厳格な中立を維持し続けることが難しくなった。

スウェーデンは一九九五年にＥＵへの加盟も果たしている。ＥＵは、単一市場の形成、経済・通貨統合に加え、共通外交・安全保障政策（ＣＦＳＰ：Common Foreign and Security Policy）により、外交分野においても可能なかぎり共通政策を追求しようとしている。究極的に「ヨーロッパ合衆国」を目指しているわけではないが、軍事・安全保障分野でも共通政策を形成しようとする萌芽はＥＵに見られる。その意味でも、スウェーデンが純粋な「中立政策」を維持することはますます難しくなっている。

2 緊張の度合いを増す対露関係

あからさまなロシアの挑発

私のスウェーデン在勤は、従来のＧ７に代わってしばしば活用される「Ｇ２」、「Ｇゼロ」（五九ページの注参照）という言葉が象徴するように、中国が国際政治や経済の場で存在感を増す一方で、これまで「世界の警察官」と言われてきたアメリカの影響力が減退する時期に重なった。また、「G20」と称される中進国が経済・金融分野において影響力を伸長させた時期でもある。「警察官不在」の間隙を突くかのように、プーチン大統領の主導するロシアは、ウクライナのクリミア半島を併合し、さらにウクライナ内政に干渉して、国際社会なかんずくヨーロッパとの関係が険悪化した。

スウェーデンはきちんと筋を通す国だけに、このようなロシアの行動を声高に非難した。その背景には、スウェーデンがポーランドと組んでイニシアチブを発揮してきた「東方パートナーシップ（Eastern Partnership）」をめぐる外交がある。スウェーデンは、いまだにEUに加盟していないウクライナやベラルーシ、モルドバといった旧東欧諸国とEUの連携を強化しようとするパートナーシップの「旗振り役」を、二〇〇八年以来積極的に務めてきたのである。

ロシアから見れば、自分の庭先とも映る地域で西側ヨーロッパの勢力圏が拡大することは何としても防ぎたいという気持ちもあっただろう。また、クリミア併合直後には、ロシアのこのような冒険主義の裏には、同国の繊細な感受性を十分考慮に入れることなく「東方パートナーシップ」を主導したスウェーデン外交があるとして、その稚拙さを批判する声もヨーロッパの一部の国からは聞かれた。

ロシアのスウェーデンに対する反応には厳しいものがあった。

二〇一四年から二〇一五年にかけて、スウェーデン領海内に国籍不明の小型潜水物体がしばしば出現し、スウェーデン軍は躍起になってどこの国のものかを確認しようとしたが果たせなかった。しかし、誰もがロシアの潜水艦だと確信しているようであった。というのも、ロシアには「前科」があったからだ。

冷戦華やかなりし一九八一年一〇月二七日、旧ソ連海軍の「バルチック艦隊」に所属していたウィスキー級潜水艦が、スウェーデン領海内で座礁するという事件を引き起こした。現場は、スウェーデンの海軍基地があるカールスクローナ（Karlskrona）からさほど遠くない所であったため、「ウィスキー・オン・ザ・ロック」と称されたこの事件は両国間の外交問題にまで発展した。

このような背景もあって、未確認潜水物体をめぐって、駐スウェーデン・ロシア大使は何度も外務省に召致され、抗議を申し伝えられることになった。ある日、このロシア大使に会ったとき、彼は真顔で私に次のように述べた。

「潜水艦をめぐる一連の騒ぎは、確証もないままスウェーデン側が過去の出来事に引きずられてロシアのせいだと喧伝するが、過去にも海辺近くで『巣づくりに励むビーバーの鳴き声』を潜水艦の発信音だとして大騒ぎしたことがあり、スウェーデン側の探知能力は、ことほど左様にお粗末である」

しかし、その後もロシアは挑発的な行動をとり続け、ロシア大使にとって状況は不利な方向へと進んでいった。ロシアの戦闘機や爆撃機によるスウェーデン領空の侵犯や、ロシア航空機の航空交通管制用自動応答装置を遮断した飛行、ロシア軍用機とスウェーデン民間航空機のニアミスなど、偶発的なものとは考えにくい事案が継続し、スウェーデン国内におけるロシアに対する感情は悪化の一途を辿った。

このような目に見える形での挑発に加えて、ロシア軍や諜報機関のスウェーデン国内における活動も活発化した。テロ情勢や公安情報について私が時折意見交換をしていた公安警察庁長官によれば、在ストックホルム・ロシア大使館内部の関係者は、さまざまな範囲に

カールスクローナの鳥瞰（提供：“Karlskrona City Port” Cruise Baltic, Picture Gallery）

及ぶ懸念すべき情報活動を行っているということであった。

クリミア・ウクライナ情勢を踏まえ、欧米諸国の対露感情は一気に悪化し、二〇一四年三月には「対露制裁」が導入されている。また、緊迫するウクライナ情勢やロシアの軍事的行動を背景に、同年四月にはNATO戦闘機がエストニアに配備され、ロシア空軍の行動に対処する体制ができ上がった。

二〇一八年から一八歳男女への兵役義務が復活

スウェーデン世論でも、他の北欧諸国に比べて軍事費の対GDP比率が低いこと[1]や、国防軍の不十分な装備が問題として取り上げられた。これを受けて、政府は野党の理解も得て、軍事費を二〇一六年から二〇二〇年にかけて年率二・二パーセントずつ増やし、五年間の合計で二二四〇億クローナ（約三兆四〇〇〇億円）とする法案を議会に提出した。

また、二〇一七年三月三日の報道によると、政府は二〇一〇年に廃止された兵役を復活させるとの決定を行った。一八歳の男女が対象となり、二〇一八年一月から毎年約四〇〇〇名を徴集することによって国防軍の強化を図る計画となっている。これらの動きは、ロシアの意図に対する国民の不安な心情を反映してのものである。

高まる国民のNATO加盟容認論

　このような状況のなか、ブレジンスキー米国大使（八二ページ前掲）はスウェーデン議会で証言し、「スウェーデンはNATO加盟国ではないので、有事の際にNATOの支援を期待することはできない」と指摘した。従来からアメリカが明らかにしている立場であるそうだが、国内でさまざまな議論が行われている時節柄、私には政治的に微妙な発言であると思われた。
　その後、ラーシュ・ヴァリエ（Lars Vargö, 1947〜）前駐日大使の私邸で話す機会のあったアレキサンダー・ヴァーシュボウ（Alexander Vershbow, 1952〜）NATO事務局次長からも、同様のメッセージはNATO事務局からもスウェーデン側に繰り返し伝えられていると聞かされた。[2]
　隣国のノルウェーはすでにNATO加盟国である。スウェーデンの基本的立場は、まず自国の防衛力と北欧諸国間の安全保障協力を強化するというものであり、とりわけ社民党を首班とする現政権は、「スウェーデンがNATOに加盟することは考えていない」という立場を繰り返し公

（1）世界銀行の統計によれば、二〇一五年の対GDP比率は「1.1」である。これに対し、ノルウェーは「1.5」、フィンランドは「1.3」、デンマークは「1.2」となっている。
（2）アメリカ人。ヴァリエ大使が駐韓国大使だったときに韓国に在勤していたアメリカ大使であったため、互いに顔なじみであった。

言している。しかしながら、スウェーデンがいつまで孤高の姿勢を保ち、自国の国防に自信をもって、将来の外交・安全保障政策を進めていくことになるのかについては注視していく必要がある。ロシアの挑発が高まるに従って、国民のNATO加盟容認論も増大しており、ヨーテボリ大学のSOM研究所（Society Opinion Media Institute）が行った調査では、二〇一五年に至りNATO加盟を是とする意見が三八パーセントとなって、反対の三一パーセントを初めて上回ったとのことである。

3 人道主義に立脚した「フェミニズム外交」

スウェーデンの安全保障政策を考えるうえで、人道主義的な立場に基づく外交を挙げておく必要がある。

現政権のマルゴット・ヴァルストローム（Margot Wallström, 1954〜）外相は、とくに人権・人道、民主主義、公正を主眼にして、自ら「フェミニズム外交」と称する外交を推進している。社民党政権の成立後間もない二〇一四年一〇月三〇日、スウェーデン政府はパレスチナを国家として承認した。従来の社民党の主張に沿ったものであるが、EU主要国では最初となるパレスチナの国家承認に対して、「時期尚早ではないか」という批判も一部に見られた。

しかし、ステファン・ロヴェーン首相は、我々外交団に対する政策説明の機会に、「もともと圧倒的な力を有するイスラエルに対して、パレスチナはあまりに非力であるので、少しでも交渉上の立場を強めることができるように、スウェーデンとしてはパレスチナの立場を支援するために国家承認することにした」と明確に言い切っていた。

また、ヴァルストローム外相は、サウジアラビアが独裁国家であり、同国における女性の扱いは民主主義国のそれでないと評し、二〇一五年五月に期限切れとなる軍事協定を延期しないと表明して世間を驚かせてもいる。

サウジアラビアはスウェーデン駐在大使を長期にわたって召還し、スウェーデンに対する経済関係を見直す姿勢を明らかにした。このような措置により、貿易にとどまらずプラント事業などにも影響が及ぶに至って経済界は悲鳴を上げることになり、外相は釈明に追われたが、自説を曲げることはなかった。

最後には、正面からの外交交渉というよりは、スウェーデンの王族に近い人物を特使として派遣して仲介に当たらせたり、国王自身が乗り出してサウジアラビア王家と調整を行ったりするなどしてお互いのメンツを保つという形で妥協が図られたが、軍事協定は期限が過ぎても更新されることはなかった（二〇四ページ参照）。

この間のヴァルストローム外相の言動は、あまり「外交的」でなかった観は否めない。また、サウジアラビアの目からは明らかに内政干渉と映ったであろうが、自己の価値観を曲げない外相の信念、そして、あくまでも外相の立場を擁護する首相の態度はスウェーデンの「フェミニズム外交」を如実に示すようで大変興味深いものであった。

先に述べた旧東欧諸国をEU諸国が共有する価値や制度に近づけるための「東方パートナーシップ」に関しても、このような価値観を体現する外交の一環と位置づけてよいだろう。スウェーデン政府は、国民の高い規範意識を背景に、貧困国対策や感染症対策などを主体に国民総所得(GNI)の〇・七パーセントを政府開発援助(ODA)に向けるべしとの国際目標を上回る一パーセント以上をODAに割り当ててきている(二九ページで述べたように、二〇一五年実績でODAの対GNI比は一・四〇パーセントと世界第一位となっている)。

また、イラン革命やソマリア紛争をはじめとして、動乱のたびに押し寄せる難民を寛容に自国へ受け入れ、衣食住にとどまらず、教育や福祉の面でも手厚い保護を与えている。さらに、世界各地で積極的なPKO活動も展開している。[3] たとえば、南北朝鮮を分断する非武装地帯に設置された中立国監視委員会に、スウェーデンが設立当初から今日に至るまで軍事要員を派遣し続けてきている事実はあまり知られていない。最近では、危険が伴うといわれるマリにおける国連の安定化ミッションにも要員の派遣を行っている。

このようなスウェーデンの貢献を背景に、国際場裡（こくさいじょうり）で活躍するスウェーデン人も多い。第一次中東戦争で仲介の労をとったスウェーデン赤十字社総裁のフォルケ・ベルナドッテ伯爵（Folke Bernadotte af Wisborg, 1895～1948）、第二代国連事務総長を務めたダグ・ハマーショルド（Dag Hammarskjöld, 1905～1961）、ハンス・ブリックス（Hans Blix, 1928～）元国際原子力機関（IAEA）事務局長、ヤン・エリアソン（Jan Eliasson, 1940～）国連副事務総長などがその代表例となる。ちなみに、ブリックス氏とエリアソン氏はいずれも外相経験者である。

4　北朝鮮情勢に精通した国

私人として紛争当事者の間に立ち入って、相互の対話を促進したり、調停の労を舞台裏でとったりしている人物がいる。スウェーデンに赴任するにあたり、ステファン・ノレーン（Stefan Noreén, 1951～）元駐日スウェーデン大使からペア・ヌーデル（Pär Nuder, 1963～）元財務相に会うようにすすめられた。ヌーデル氏は、第三国家年金基金の理事長を務める傍ら、「インター・

（3）かつて日本がPKO活動に乗り出すにあたって、その基礎を学んだのはスウェーデンからである。

メーデイエイト（Inter Mediate）」というＮＰＯメンバーの一員として、民間人としての立場から紛争の当事者間に立ち入って、平和的な解決に向けて努力をしている人物である。

インター・メーデイエイトは、トニー・ブレア英国首相の首席補佐官を務めたジョナサン・パウエル（Jonathan Powell, 1956〜）氏と「人道的対話センター」[4]の創設者であり、初代代表を務めたマーティン・グリフィス（Martin Griffiths）氏が設立したものである。ホームページには、「他の組織が携わることができないような、もっとも困難、複雑で危険な紛争に焦点を当てる」と謳われている。

ヌーデル氏はこのメンバーの一人であり、個人的にもアジア地域に関心があって北朝鮮や中国の関係者と接触していたので、時々話を聞いたり、北朝鮮や中国を訪問した帰路には東京の外務省関係者とも意見交換を行ってもらったりした。

北朝鮮と外交関係を有しているスウェーデンは、平壌（ピョンヤン）に大使館も設置している。二〇一四年五月、北朝鮮側の希望で、ストックホルムにおいて日本と北朝鮮の政府間協議が開かれたことに示されるように、北朝鮮はスウェーデンに対して一定の信頼を寄せている。それだけに、北朝鮮大使の動向を含め、スウェーデン側の関係者から聞く話には興味深いものがあった。

北朝鮮との関係では、スウェーデンのシンクタンクが果たしている役割にも言及しておく必要がある。非同盟と中立を標榜するスウェーデンの立場を反映して、折に触れて、中国や北朝鮮関係者がシンクタンクを訪れている。その機会を利用して、公開・非公開のものを含めてさまざまな講演会、セミナー、スタディーツアーなどが行われている。

ストックホルム国際平和研究所（SIPRI：Stockholm International Peace Research Institute）やスウェーデン国際問題研究所（UI：Swedish Institute of International Affairs）などは我が国でもよく知られているが、そのほかにも外務省の補助を受けている安全保障開発政策研究所（ISDP：Institute for Security and Development Policy）があり、ニコラス・スヴァンストローム（Niklas Swanström, 1970～）所長もしばしば北朝鮮や中国を訪問している。

出張からスウェーデンに戻った同所長と意見交換をする機会が多々あったが、彼の話す首都平壌の近代化が進む様子、それとの対比で訪問した地方の疲弊と困窮は、いずれも体験談なだけに生々しい印象が心に残った。

これらシンクタンクとの関係では、私の在任中、二〇一五年九月まで国際大学（新潟県）の学長を務めた北岡伸一氏やパブリック・ディプロマシーについての政策広報を担当する駐ベルギー石井正文大使が来訪し、ＳＩＰＲＩをはじめとしていくつかのシンクタンクとの交流を図り、知的交流が促進されている。

（4）（Centre for Humanitarian Dialogue）スイスのジュネーブをを拠点とするＮＧＯ。

5 武器輸出国であるスウェーデン

スウェーデンが中立政策を貫く一方で、武器輸出国としても世界有数の地位を占めていることは、日本であまり知られていない。SIPRIのデータベースに基づく二〇一五年の数値を見ると、圧倒的な地位を占めているのはアメリカ、ロシアの二か国であるが、ドイツ、フランス、スペイン、イギリスなどのヨーロッパ諸国や中国、イスラエル、カナダ、トルコに続いて、スウェーデンは一億八六〇〇万ドルの金額で世界第一五位の武器輸出国となっている。

たとえば、自動車部門は潰れてしまったが、「サーブ（SAAB）社」は中級戦闘機として

サーブ社のヴィスビー級コルベット艦（提供：サーブ・コックムス社、撮影：Peter Neumann）

は高性能のグリペン(5)のほか、合板材で造られステルス機能に優れているコルベット艦、優れたエンジン性能を誇る潜水艦などを製造および輸出している。私の在勤中も、チェコ、ブラジル、タイなどの国々がグリペンの購入ないしリース契約を結んでいた。

日本も、スウェーデンから対戦車無反動砲や掃海艇を製造するための材料を調達したり、スターリング・エンジンをライセンス生産したりしている。スターリング・エンジンは、非大気依存推進性に優れているので、長年にわたって海上自衛隊の潜水艦にも使用されており、日本とスウェーデンとの産業交流にも役立ってきた。しかし、日本側でリチウム電池や燃料電池など新しい形態の蓄電器の開発が進むにつれて、スウェーデン側はこれまでの協力関係を維持していくことができるのかと、懸念の度合いを強めている。

とくにスウェーデンでは、かつてドイツに売却された潜水艦建造で優れた技術をもつ「コクムス（Kockums）社」を二〇一四年にサーブ・グループの造船部門として買い戻して、独自の潜水艦造りに力を入れようとしていた矢先だけに、オーストラリア政府がスウェーデンを次世代の潜水艦開発計画から外し、日本企業との協力に関心を高めていることに神経を尖らせていた。

---

(5)　正式名称は「サーブ39（JAS39）」。サーブ社を中心に開発された戦闘機のことで、愛称が「グリペン（Gripen）」。一八〇ページの写真参照。

結局、オーストラリア政府の発注はフランス企業に対して行われるという形で決着がついたが、スウェーデンの潜水艦建造技術は優れているだけに、今後とも日本とスウェーデンの協力関係が何らかの形で継続されていくことになるかもしれない。

第7章 進んだスウェーデンの原子力エネルギー政策とイノベーション——経済的合理性

1　原子力発電大国

スウェーデンの電力供給構成を見ると、二〇一四年の総発電電力量一五〇TWhのうち、水力が占めているのは六三・三TWh（四二パーセント）で、原子力は六二・二TWh（四一パーセント）となっている。この数字だけを見ても、スウェーデンが「原子力発電大国」であることが分かる。残りは、風力と工業や地域暖房のコジェネ（熱電供給）などとなっているが、そのシェアは決して大きいものではない。

スウェーデンでは、一九八〇年に原子力発電の是非をめぐって国民投票が実施され、その結果を受けて、二〇一〇年までに国内のすべての原子炉を閉鎖するという政策決定が行われた。当時、国内には一二基の原子炉が存在していたが、この政策に基づき二基の原子炉が営業を停止した。

しかしながら、その後、原子力エネルギーを他の再生可能エネルギーで代替するには膨大な投資と時間がかかるほか、地球温暖化対策に対応するためとして原子力エネルギーが見直された結果、脱原子力政策は撤回され、既設の原子炉の建て替えにかぎった新設については、これを認めるとする法改正が二〇一〇年六月に行われている。

現在ある一〇基の原子炉は、この法律が認める範囲内のものである。そのうち七基が沸騰水型原子炉（BWR：Boiling Water Reactor）、三基が加圧水型原子炉（PWR：Pressurized Water Reactor）であり、国内三か所、フォルスマルク（Forsmark）、オスカーシャムン（Oskarshamn）、リングハルス（Ringhals）にある原子力発電所に分散されている。

今日では、一九九一年に導入された二酸化炭素税によって、化石燃料による発電が減少する一方で、林業・紙パルプ産業から発生する廃棄物を利用したバイオマス発電や可燃ゴミを活用した発電も増大している。ただ、そのために、スウェーデンは隣国ノルウェーのゴミを他国と奪い合うという状況が生まれている。再生可能エネルギーの重要性についての認識も国内で深まっているが、だからといって、原子炉を直ちに廃炉すべきとの意見はごく少数にとどまっているというのが実情である。

元来、スウェーデンは古い大陸性の地殻上に位置しており、地震がほとんどないという環境にあることを別にしても、ドイツやスイスなどと異なって、二〇一一年の東日本大震災による東京電力福島第一原子力発電所の事故後もこの傾向に変わりはない。いわば原発問題をめぐる議論が政治化することを極力回避しようとしているのであろう。脱原子力エネルギーを唱える環境党が政権の一翼を担うようになっても、政府としての原子力政策に大きな変化は見られない。

2　地域住民の理解が進む高レベル放射性廃棄物の処理場問題

スウェーデンでは、原子力発電所で発生した使用済み核燃料は、再処理されずに高レベル放射性廃棄物として地中の結晶質岩中に直接貯蔵されるという決定がすでに行われている。この決定は、長い年月をかけて地域住民との話し合いを通じて進められたものだが、地元経済活性化の観点からも住民の理解が得られている。

処分主体は、電力会社が共同出資して設立されたＳＫＢ社（Swedish Nuclear Fuel and Waste Management Company）である。使用済み燃料は、各発電所で炉から取り出されたのちに約一年間冷却保存したあと、ＳＫＢ社が操業する「集中中間貯蔵所施設（ＣＬＡＢ）」に輸送され、地下に設けられたプールで貯蔵される。

同社は、高レベル放射性廃棄物である使用済み核燃料を直接処分する最終処分場をストックホルムの北一三〇キロメートルほどの所に位置するフォルスマルクに建設することとして、二〇一一年の春に許可申請を行った。地下約五〇〇メートルの深さに設置される処分場は、既存のすべての原子炉が発電運転を終了するまでに発生するであろう使用済み燃料を処分することができるだけの広さを有している。

二〇一六年の夏には、スウェーデン放射能安全機関（Swedish Radiation Safety Authority）が第一次の暫定評価を公表し、処分計画は、長期にわたる廃棄物貯蔵の環境保護上必要とされる要件を満たすという判断を示した。その際に前提となるのは、高レベル放射性廃棄物が、この先一〇万年単位の長期にわたって人間と環境に影響を及ぼさないということだ。これだけの周到さをもって計画の細目が詰められていることに驚いてしまう。

3 フォルスマルクにある放射性廃棄物処分場の視察

二〇一四年一月二八日、私はエネルギー政策を担当する松本英登書記官とともに、フォルスマルクの処分場を視察した。近くには、ヴァッテンフォール社の子会社によって稼働している沸騰水型原子力発電所三基（F1・F2・F3）がある。F1が九八四MW、F2が一一二〇MW、F3が一一三MWで、合計三三二七MWの発電量を誇っている。同じく近くには、重工業の会社として著名なABB社（八ページ参照）が燃料棒用のペレットを製造している工場もある。

関係者の話を総合すると、原発関連施設の設置については、長期間にわたって住民との間で粘り強い交渉が必要とされたが、透明性を確保しつつ交渉にあたったおかげか、住民側はこれら施設がもたらす経済的な利益と考えうるリスクを考慮に入れて、最終的には設置に理解を示し、その稼動を支持したとのことである。とりわけ、原子力関連施設が設置されることにより、それまで何もなかった小さな村に雇用と首都との結び付きがもたらされることは高く評価された。

我々は厳重な放射線管理のもと、中低レベルの放射性廃棄物が貯蔵されている地下へと案内された。そこでは、厳重にコンクリート詰めされた低レベルの廃棄物の貯蔵がすでにはじまっている。これに対して、高レベルの放射性廃棄物の処分場は建設許可申請中であるため、まだ貯蔵が行われていない。

地下に入っていくと、大きなスペースに使用済みの高レベル放射性廃棄物の処分方法が展示されていた。それによると、使用済み核燃料は、外側が厚さ五センチの銅製、内側が鋳鉄製の二重構造になっている「キャニスター（canister）」と呼ばれる容器に封印される。このキャニスターは縦に置かれ、その周囲を緩衝材（ベントナイト粘土）で取り囲んだうえで、物理学的にも化学的にも安定した岩盤内に定置されることになっている。

このように、キャニスター、緩衝材および頑強な地層という多重のバリアシステムを構築し、数十万年という歳月にわたって周囲の環境へ悪影響を及ぼすことなく隔離して保管する方法を「KBS-3概念」と呼ぶそうである。現状では、もっとも確実で安全な保管方法と考えられているが、現場で案内してくれたSKB社の関係者が半分冗談（でも、半分本気）で次のように言っていた。とても印象的なコメントであった。

「このような地中深くにも、実は微生物がいます。何十万年という年月の間に、これら微生物が放射性物質の影響を受けて突然変異を起こすかもしれないということは、誰にも予測できません。この点が懸念と言えば懸念でしょうか……」

地下から出るとき、当然のごとく、出口で厳重な放射線チェックがあった。我々一行のうち、館長車の運転手だけが何度チェックしても放射性反応に引っかかり、結局、彼だけは着ていたスーツのズボンを残していくことになった。そこで受けた説明では、タバコを吸う人に時々このような反応が出るとのことであった。実際、彼はヘビースモーカーであった。

後日、彼はズボンを郵送で受け取っているが、そこには「仮着としてはいて帰ったズボンは返

使用済み放射性廃棄物収納キャニスター

さなくてよい」というメモがあったという。

　ところで、意外に知られていないことだが、「フォルスマルク」の名前は一九八六年に起きたチェルノブイリ原子力発電所の事故と結び付いている。フォルスマルクの原子力発電所敷地内において、四月二八日の早朝、作業員の靴底から異常に高いレベルの放射線が検出された。これが契機となって、同日の夜に旧ソ連政府は、二日経過したあとに事故発生を認めることとなった。

4　比較的良好な近年の経済成長

　バイキングの昔からスウェーデンの人々は交易に長けていたわけだが、寒冷の地にある国土は農業に適さず、林業と漁業以外には目立った地場産業もなく、国民の「食い扶持」をあてがうにも事欠いたという時代があった。慢性的な食糧不足と急激な人口増加に直面して、一九世紀後半から二〇世紀初頭にかけて、国民の三分の一近くが移民として海外に送り出されたという。

　ヨーロッパに産業革命が起こり、その波が約一〇〇年遅れてスウェーデンに到達したとき、社会資本の蓄積が進んだスウェーデン経済は興隆のときを迎えた。現在では衰退産業として存立の危機に瀕しているが、キルナ（Kiruna）にある鉱山企業である「ＬＫＡＢ社（Luossavaara-

Kiirunavaara Aktiebolag)」は、かつてヨーロッパ全体の九〇パーセント余りに当たる「ヨーロッパ随一の品質」を誇る鉄鉱石を生産してこの発展に貢献した。また、過去二〇〇年間にわたって非同盟中立国として平和を享受し、国富の破壊を免れたことも、国家発展の基礎にある要素といってよいだろう。

最近の動きを見ると、スウェーデンも二〇〇八年秋のリーマン・ショックを機に発生した世界的な経済危機の影響とは無縁でなかった。スウェーデン経済は輸出部門を中心に大きな打撃を受け、マイナス成長に陥った二〇〇八年、二〇〇九年には、輸出産業において整理解雇が相次いだ結果、失業率が高まった。とりわけ、自動車を筆頭とする製造業が受けた打撃は大きく、ボルボ社の乗用車部門が中国の「吉利汽車」に買収され、サーブ社の乗用車部門が倒産の憂き目にあった。

その後、二〇〇六年から政権の座にあった穏健党を首班とする連立政権の新自由主義的社会経済政策が徐々に奏功し、景気は上向きに転じ、二〇一〇年には六・六パーセント、二〇一二年には三・七パーセントの経済成長率を達成した。しかしその後、欧州債務危機を主因とする世界経済の混迷による影響を受けて再び低成長時代に入り、そこから抜け出す兆しは見られない。

このようななか、中央銀行は二〇一五年二月一八日より、前代未聞の「マイナス金利〇・一パーセント」を導入した。その後も順次引き下げられ、二〇一六年二月一七日からは「マイナス〇・

キルナの街は、鉱山が掘り進められるにつれて地盤沈下が進んでいるが、市街地の地下に伸びる鉱脈での生産を継続するために、街の大半を郊外に移転するという壮大な計画が進行中である（右の写真）。廃坑を利用して、シイタケの生産も行われているという。左の写真は、坑内に展示されている重機車両

かつての鉄鉱石生産現場の様子

五〇パーセント」となっている。

クローナが比較的弱含みで推移し、輸出の伸びが継続していることや、国内消費が堅調であることから、スウェーデンの経済成長率はヨーロッパのなかでは比較的高く、二〇一五年は四・二パーセントであったが、二〇一六年一二月に公表された政府経済予測では、二〇一六年が三・四パーセント、二〇一七年が二・四パーセント、二〇一八年が一・八パーセント、二〇一九年が二・三パーセントと予測されている。ただ、失業率は依然高止まりであり、二〇一六年は六・九パーセントであり、二〇一七年は六・五パーセント、二〇一八年は六・四パーセント、二〇一九年は六・三パーセントと見込まれている。

5 イノベーションを好む国民性

スウェーデンの人々は「イノベーション」という言葉を好む。小さい国であるが、世界の産業史のなかで、スウェーデン人がつくり出した新機軸には端倪すべからざるものがある。ダイナマイトを生み出したアルフレッド・ノーベルの名はあまりにも有名だが、そのほかにも、スクリュー、マッチ、ベアリング、電話器、蒸気タービン、コンピュータ・マウス、スカイプ、三点式シートベルトなどはスウェーデン人の発明によるものだ。そういえば、二〇一六年の春に搭乗したSAS機の座席に設置されている安全ベルトが三点式であるのには驚いた。

国内市場が小さいこともあろうが、バイキング気質の反映とも思われるほど世界を股にかけて活躍するスウェーデン企業は多い。乗用車部門は中国資本に譲ったものの、トラック・重機部門はいまだスウェーデン資本の手にあるボルボ社は、機能と安全を重視した独自のコンセプトゆえに世界で根強い顧客層を有している。

ほかにも、乗用車部門は閉鎖したが、軍事用の航空機や船舶で優れた性能を誇るサーブ社、日本の通信インフラ部門で強みを見せるエリクソン（Ericsson）社、日本でも家電メーカーとしての存在感を高めるエレクトロラックス（Electrolux）社、飲料容器としての名称を知らない日本人はいないと思われるテトラパック（Tetra Pack）社、優れた機能性とファッション性を重視し、価格の手ごろさから若い人たちにも人気となっているH&MやIKEAなど、枚挙に暇がない。

6　JAXA（ジャクサ）がキルナで進める次世代超音速機の技術開発プロジェクト

イノベーションを中心とした科学技術分野においても、日本とスウェーデンの協力関係が進んでいる。このなかでも私は、宇宙航空研究開発機構（JAXA：Japan Aerospace Exploration Agency）がスウェーデン宇宙公社（SSC：Swedish Space Corporation）の協力を得ながらキルナ市郊外にある「エスレンジ（Esrange）」と呼ばれる広大な施設内で進めている「次世代超音速機技術開発プロジェクト（D-SEND プロジェクト）」が夢のあるものとして好きである。

超音速機と聞くと、一九七六年から二〇〇三年までの間、「ニューヨーク・ロンドン間」で就航していたコンコルドが有名である。マッハ２の速度で飛ぶため、大西洋の横断も三・五時間と、時間短縮効果は抜群であった。

ただ、ボーイング747と比べると、燃料消費が三・五倍、着陸時の騒音が一〇〇倍以上、加えて超音速に達したときに二回の衝撃音（爆音）が生じること（ソニックブーム現象）など、環境適合性や経済性の観点から採算がとれず、二〇〇〇年の墜落事故も重なって、二〇〇三年一〇月に二七年にわたる商業運行を終了している。

ＪＡＸＡ（ジャクサ）は、「静かな超音速旅客機」の実現に向けて鍵となる「低ソニックブーム概念」で設計された機体の飛行実証試験をスウェーデンで行っている。そこでは、「低抵抗・低ブーム主翼」や「非軸対称低ブーム機首」と呼ばれる特殊な設計を施した、全長七・九メートル、重さ一トンの試験機が使用されている。

まず、気球を使って試験機を高度三〇キロメートルの所まで引き上げる。そこで機体を分離し

図４　D-SEND 試験の概要

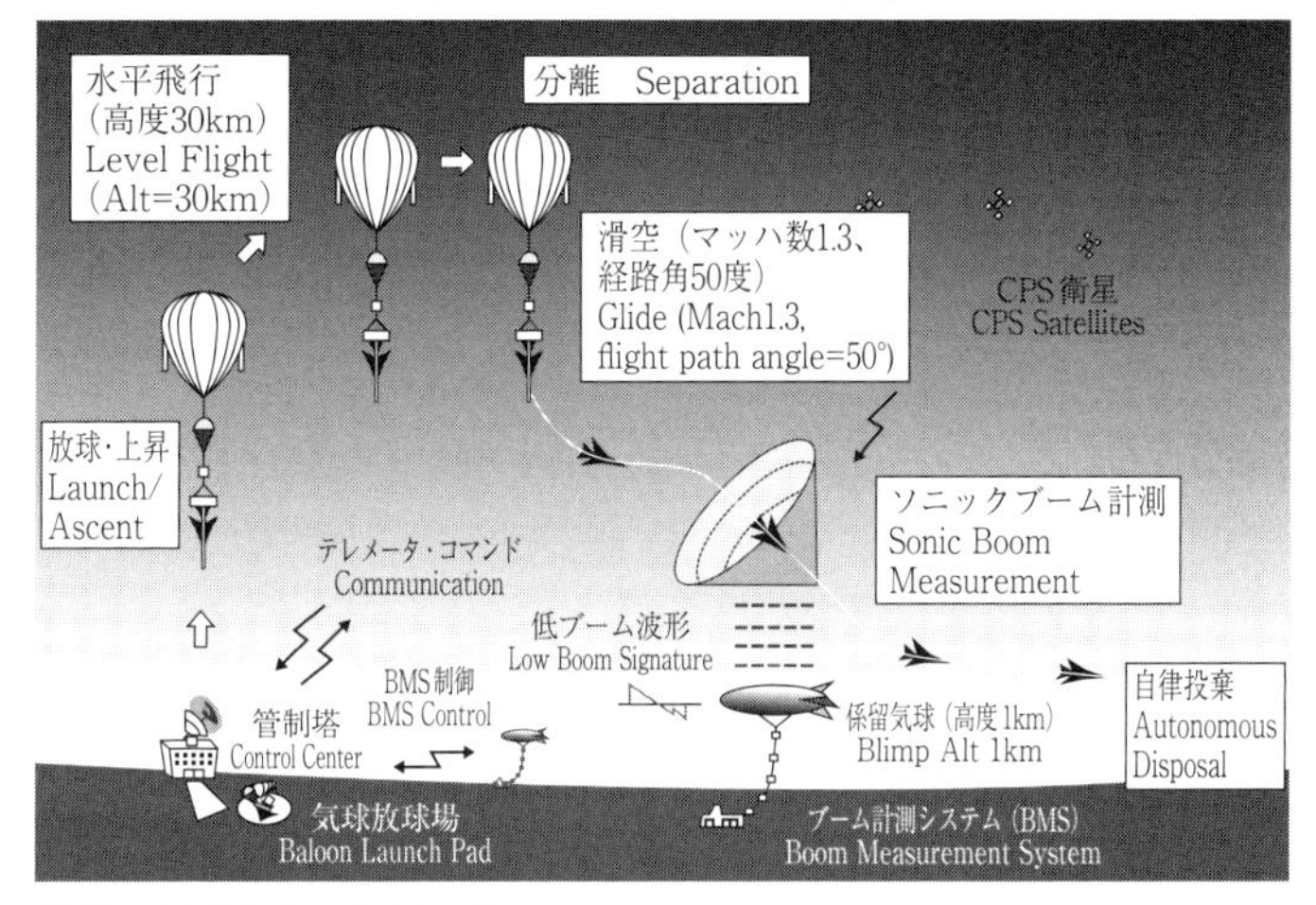

出典：JAXA ホームページ

低ソニックブーム概念で設計された超音速試験機

て、一定の角度でダイブ飛行させるとマッハ1.3の速度に達するが、その間に数か所に設置された係留気球装置を活用して発生した低ブーム波形を計測する。そこで得られた諸データを収集分析して、設計の具合を確認のうえ、これらのデータを「D-SEND データベース」として国際的に公表するわけだ。

私がエスレンジを訪れたのは、二〇一四年七月一一日である。前年の八月一六日に行われた第一回試験において、試験機の姿勢制御が不能になるという飛行異常の経験を踏まえ、原因究明と対策を講じて再試験を行おうとする矢先のことであった。JAXA本部から現地視察に訪れていた幹部と一緒にプロジェクト概要について説明を受けるとともに、エンジニアが稼動に向けて準備を整える試験機を見せてもらった。

私の現地訪問は短期間のものであったが、チームはその後も現地にとどまって、飛行条件が整うのを今か今かと待った。結局、気候条件の整わないまま実験期限を過ぎてしまい、残念ながら計画は翌年にもち越されることになったと、八月に入ってから連絡を受けた。本件については、二〇一五年の夏に試験飛行が遂に成功したと聞かされた。まさに、三度目の正直がもたらした快挙であった。

第8章 ノーベル賞と「ノーベル・プライズ・ダイアログ」

1 アルフレッド・ノーベルの遺言

スウェーデンといえば「ノーベル賞（Nobel Prize）の国」というのが、一般的な日本人の感覚であろう。一〇〇年を超える歴史を有し、これほどの伝統と権威を有する顕彰は「世界でもほかにない」と言ってもいいだろう。同じく長い歴史を有する王室の支えを得て、その格式はいっそう高まっている。

ノーベル賞については『知っていそうで知らないノーベル賞の話』（北尾利夫著、平凡社新書、二〇一一年）という本で詳しく論じられているのでそちらに譲るが、著者の北尾氏はもともと商社マンであり、スウェーデン在勤中にノーベル賞について調べ出したことが昂じて研究家になったという人物である。

ノーベル賞は、ダイナマイトを発明して莫大な富をなしたアルフレッド・ノーベル[1]の遺言によって一八九五年に創設され、一九〇一年に初めて授賞式が行われた。ノーベルの遺志を踏まえて、人類史上の偉大な発明に対して賞が授賞され、その賞金は八〇〇万クローナ（約一億二〇〇〇万円）となっている。

毎年、一〇月の第二週の月曜日から、通常、生理学・医学賞、物理学賞、化学賞、文学賞、平和賞の順に発表が行われ、翌週の月曜日には経済学賞が発表されている。このうち、生理学・医学賞はカロリンスカ医学研究所（Karolinska Institutet）、物理学賞、化学賞および経済学賞はスウェーデン王立科学アカデミー（Royal Swedish Academy of Sciences, KVA）、文学賞はスウェーデン・アカデミー（Swedish Academy）によって選考されているが、平和賞の選考に関しては、ノーベルの遺志に従ってノルウェーのノーベル委員会によって行われている。

ノーベルが遺言を書いたころ、ノルウェーはスウェーデンの一部であったのでさほど不思議なことではないが、ノルウェーが独立してからもこの伝統は維持されている。また、経済学賞は、スウェーデン国立銀行の設立三〇〇周年祝賀の一環として一九六八年に創設されたものだから、ノーベルの遺言に基づく厳格な意味での「ノーベル賞」ではない。

ノーベル賞も、当初は遺産や賞の管理を誰もが望まず、その運営は一筋縄ではいかなかったそうである。しかし今日では、国際社会でももっとも栄えある賞の一つとしてその地位を不動のものとし、スウェーデンの名声にとっても欠くことのできない存在となっている。

2 厳格な選考過程

ノーベル物理学賞の選考過程について、バーバラ・キャノン（Barbara Cannon, 1946〜）王立科学アカデミー会長が私に語ってくれた内容を紹介しておこう。

毎年、その年の授賞式が終わると、あまり時間を置くことなく、世界中であらかじめ登録された三〇〇〇人余りの推薦人に対して、翌年の候補者を推薦して欲しいという依頼状が発送される。この推薦人は、固定された一定の人以外は、毎年入れ替わっている。回答が帰ってくるのはそのうちの一割程度と、意外に少ないということだ。

これらの回答をもとにして、まずアカデミー会員八名で構成される当該年の選考委員会がショートリストを作成する。そして、そのリストが数名の著名な国際審判員に諮られて、さらに候補

(1)　ノーベルの名は、現地語では「be」にアクセントがあって「ノベル」に近い発音となる。

者が絞られていくという過程を経る。

選考委員会は、絞り込まれた各候補者に関する膨大な「審査書」を作成するのだが、この審査書は「五〇年ルール」に基づいて、後世において公表されることになっている。作成された審査書に基づいて、受賞者発表の直前に開催される総会に出席するアカデミー会員の投票によって当該年の受賞者が決定され、会長の木槌をもって最終決定となる（二四二ページ参照）。

選考過程が秘密を保ちながら厳格に行われているであろうことは、私自身が経験した次の逸話からも想像がつく。

二〇一四年のノーベル生理学・医学賞が発表される前日、私は東京での仕事を終えた帰路、フランクフルトの空港ラウンジでヘルディーン・ノーベル財団理事長にばったり出会った。いい機会なので、「残念ながら、昨年は日本人受賞者がいなかった。今年あたりは出てほしいものだと願っているがどうだろう？　そうなれば、私も一連のノーベル賞関連行事を経験することができるのだが……」と、鎌をかけてみた。

すると、ヘルディーン理事長から、「本当にそう願うよ。自分も明朝、受賞者についての報告を受けるのを楽しみにしている」と、やや意外な反応が返ってきた。ヘルディーン理事長の誠実な人柄をよく知っているだけに、あながち「目くらまし」ではなかろうと思った。

3 青色発光ダイオードの発明による日本人三名の物理学賞受賞

私がスウェーデンに着任した二〇一三年は、日本人のノーベル賞受賞者は残念ながらいなかった。前年の二〇一二年には、京都大学の山中伸弥教授がｉＰＳ細胞の研究でノーベル生理学・医学賞を受賞している。

スウェーデンに駐在する各国の大使にとっては、受賞者のあるなしで、授賞式を挟むノーベル・ウィークのスケジュールがまったく違ったものになる。受賞者を出した国の大使は、授賞式にとどまらず、ノーベル・コンサート、ノーベル・ディナーをはじめとしたノーベル賞に関連する一連の行事や王宮晩餐会に招かれることになる。ノルウェー、デンマーク、フィンランドの近隣諸国の大使だけは例外で、毎年、これら行事に招かれている。

ちなみに、コンサートホールで行われる授賞式にはすべての大使が招かれるので、せっかくの正装をこの機会だけとするのは「もったいない」ということで、受賞者のいない国々の大使たちのために、外交団長（dean）がガラディナー（gala dinner）と舞踏会を特別に企画することも多い。

さて、二〇一四年には、物理学賞で三名の日本人が受賞するという快挙があった。ご存じのとおり、青色発光ダイオードの発明という功績で、赤﨑勇名城大学終身教授、天野浩名古屋大学教授、中村修二カリフォルニア大学サンタバーバラ校教授の三名が受賞者に選ばれた。受賞発表である一〇月六日の翌日は、たまたま公邸で日本スウェーデン協会の水田宗子会長（城西大学理事長）一行の来訪を歓迎する会食を開催していたが、興奮冷めやらぬ一同は歓喜して、盛大に祝杯を挙げたものである。

実は、赤﨑教授とは、受賞に先立つ二〇一四年五月二三日、滞在先のホテルのロビーで懇談する機会があった。これは、赤﨑教授がスウェーデン王立工学アカデミー（Royal Swedish Academy of Engineering Sciences, IVA）の講演に招かれてストッ

2014年の物理学賞受賞者である中村修二カリフォルニア大学サンタバーバラ校教授、赤﨑勇名城大学終身教授、天野浩名古屋大学教授（左から）

クホルムを訪問した際のことで、「将来のノーベル賞受賞の有力候補者の一人であるので、是非知己（ちき）を得ておくことが望ましい」と私にすすめる文科省アタッシェ松本英登書記官のアレンジで実現したものである。物静かで学者然とした穏やかな人柄を第一印象として与える赤﨑教授だが、言葉の端々から、これまでの研究に注ぐ情熱のようなものがほとばしっていた。

あらかじめ目を通しておいた赤﨑教授の著書『青い光に魅せられて――青色ＬＥＤ開発物語』（日本経済新聞社、二〇一三年）によれば、長年にわたる地道な研究の結果、窒化ガリウムを使って片側に電気的にプラスの半導体、もう片側にマイナスの半導体の構造をもつＬＥＤができ上がった。

「このときの、目に沁みるようなコバルトブルーの光を、私は一生忘れることはないでしょう。実に感動的な瞬間でした」とのことであるが、「青色発光に魅せられ、また実現の可能性を信じて疑わ（ず）……ただ愚直に仕事をしてきました」と、自らの信念を著書に記す同教授の一途な研究姿勢を、そこでの会話からもうかがい知ったような気がした。

松本書記官によれば、どんなにノーベル賞に近いところにいても、スウェーデンの学会やノーベル賞関係者に対して自己の業績を折に触れて印象づけることが受賞のためには重要だとのことであった。在任中、何人もの著名な日本人研究者がこのような講演に招かれていたので、今後、これらの人物のなかから受賞者がさらに輩出されることを期待している。

二〇一四年の日本人三名のノーベル物理学賞の受賞は、その受賞理由に照らしても興味深いものがある。ノーベル賞は、ノーベル本人の遺志に基づき、本来「その前年に人類に最大の利益をもたらした人々に授与される賞（"prizes to those who, during the preceding year, shall have conferred the greatest benefit to mankind."）」となっている。それは、それぞれの分野における未知の発見や原理の解析、はたまた人類の生存と繁栄への貢献であるともいえる。

青色発光ダイオードは、赤﨑教授の地道な基礎研究が原理を解明し、これを天野教授が発展させたものであるが、さらに中村教授がこれを工業化の道へと導いた。その意味で、原理の新発見に加えて、それを人類の実生活

2014年のノーベル賞授賞式の様子（提供：Nobel Media 2014, Photo: Alexander Mahmoud）

に役立つものに発展させた点も評価の対象になっている。

物理学賞を選考する王立科学アカデミーのバーバラ・キャノン会長が私にいみじくも語ったように、「青色ダイオードは、文字どおり世界を明るくした」のである。

考えてみると、この理屈はこの先の日本人のノーベル賞受賞に明るい展望を与えることになる。なぜなら、日本人の優れた研究者のなかには、類似の意味でこの三名に続く業績を上げた人々が少なからず存在するからである。とくに、材料工学やリチウム電池といった蓄電技術などの分野が挙げられるであろう。

4　ノーベル・ウィークに開催される諸行事から垣間見えるスウェーデン社会

日本人の受賞者が出て、ノーベル・ディナーや王宮晩餐会に出席する機会を得ると、普段は見かけないスウェーデン社会の一面を垣間見るような感じがする。なぜなら、王族や閣僚などのほかにも、大手企業の経営者、学会の重鎮、マスコミ関係者などをはじめとしたさまざまな興味深い人々に出会えるからだ。

一五〇〇人余りの人々を招いて市庁舎で開催されるノーベル・ディナーの席では、日本から来訪した安西祐一郎日本学術振興会理事長夫妻をはじめとして、マルクス・ストルク（Marcus Storch, 1942～）前ノーベル財団理事長（元AGA会長兼CEO）、ステファン・フォルスベリ（Stefan Forsberg, 1961～）ストックホルム・コンサートホール総支配人、マグヌス・ローバッハ（Magnus Robach, 1952～）在京スウェーデン大使などがカップルで私たち夫婦の周りに座り、粋を凝らした食事を挟んで楽しい会話が繰り広げられた。

授賞式、ノーベル・ディナーと並んで圧巻なのが、一九〇四年以来王宮で開かれている晩餐会である。王宮の「ベルナドット図書公文書館（Bernadotte Library's Archive）の間」で開かれるこの晩餐会では、受賞者や受賞国の大使夫妻が国王や王妃をはじめとする

王宮での晩餐会に先立つレセプションの席で国王王妃、皇太子同夫君と挨拶を交わす日本人受賞者（提供：Royal Court, Sweden）

王族に紹介される。

食前酒後の晩餐会は一〇〇人を上回るゲストが横長のテーブルに着席するという大掛かりなものであり、供される食事も伝統的なもので、国王がその秋に仕留めたトナカイを使ったスウェーデン料理をベースにした、洗練されたフランス料理の趣があるものとなっている。

恥ずかしいことだが、王宮晩餐会をめぐっては私的なエピソードがある。

食事会場である大広間には、国王がエスコート役を務めるカップルから順次に入っていくわけだが、王宮の儀典担当官が入り口に向かって、招待客のカップルを入室する順番に整列させていくことになっている。列の流れに従って、私は妻とともに順次前へと進んでいった。あらかじめ座席票（次ページの写真参照）はわたされているので、自分の席がどこかはおおよそ見当がついている。

問題は大広間に入ったときに起こった。腕を組んでいた妻と私は、あまり深く考えることもなく、入り口からテーブルの端にたどり着くと、左右に分かれてしまったのである。そして、自分の席に行き、いざ座ろうとしてほかのカップルを見わたすと、なんと、まず男性が自分のパートナーを席にまで案内してから、そのあとで自らの席に着いているではないか！　不覚、としか言いようがない。絵に描いたような「日本男児」を演じてしまったと恥じ入ったが、後の祭りであった。

妻と二人で日本に帰国すると、日本に着いた途端、エレベーターの入り口に二人で同時に向かってぶつかることがある。日本に戻ると、私の「レディーファースト・マインド」が疎かになり、先に乗ったり降りたりしようとするからである。「紳士道」であれ「レディーファースト」であれ、外交官としての「営業マインド」が十分でないと、後刻妻から戒められる。

ノーベル賞受賞式の式次第（上）と受賞理由を記した冊子

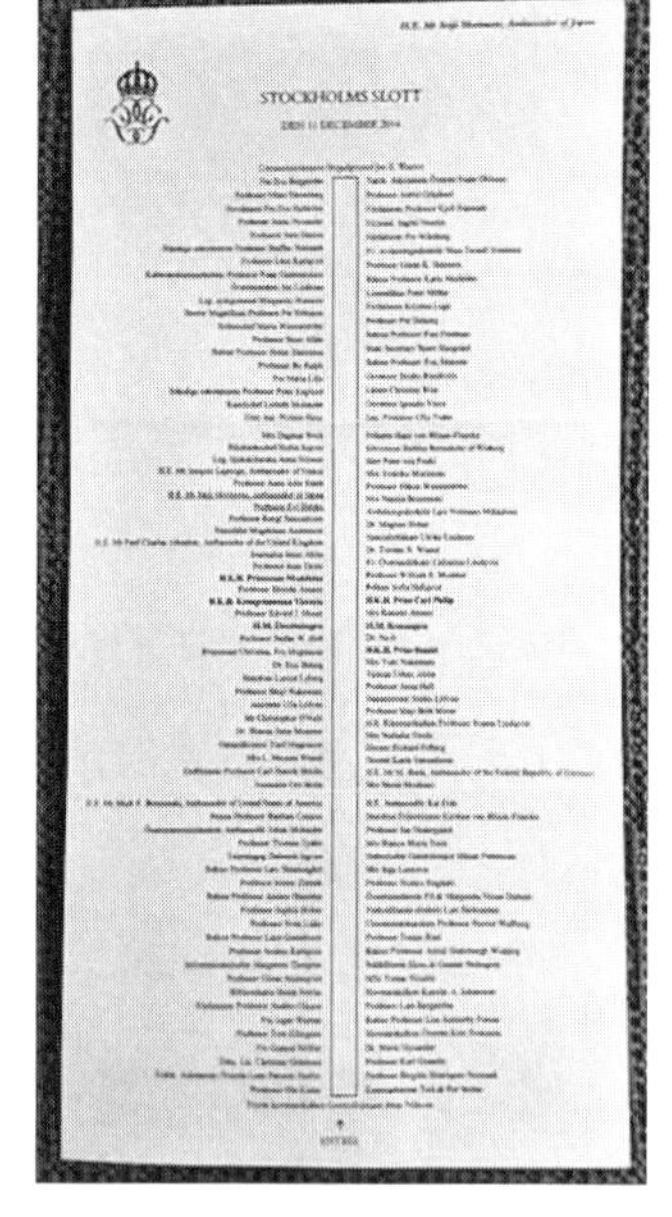

12月11日に王宮で開かれた晩餐会に参加した141人の席次表（右）。天野教授夫人が国王とフィリップ王子との間、天野教授がヴィクトリア皇太子とマデレーン王女との間、中村教授がロヴェーン首相の前、中村教授夫人がダニエル皇太子夫君の左にそれぞれ位置しており、いずれも高位の扱いを受けているのが分かる。赤﨑教授夫妻は体調を慮って欠席している。

コラム4　ノーベル賞に匹敵する「クラフォード賞(Crafoord Prize)」

人工腎臓を発明したホルガー・クラフォード（Holger Crafoord, 1908～1982）が妻のアンナ＝グレタ・クラフォード（Anna-Greta Crafoord, 1914～1994）とともに1980年に創設した賞であり、受賞対象は、ノーベル賞によってカバーされていない天文学・数学、地球科学、生物科学といった分野や関節炎の分野（数年毎）となっている。スウェーデン王立科学アカデミーが選考に関与し、賞金は50万ドルとなっている。

2015年、この賞が国立遺伝学研究所の太田朋子名誉教授に授賞された。従来、生物の進化は、突然変異によって生じた生存に有利か不利などちらかの資質のうち、有利なものが生き残るという自然淘汰説が主流であったが、太田教授は遺伝子分析を通じて、突然変異の多くは有利でも不利でもないという中立説を唱えたうえ、わずかに不利な「ほぼ中立」の変異から生まれた資質でも広がる可能性があるという説を発表した。

授賞式は５月６日に国王王妃の臨席のもと王立科学アカデミーにおいて開催され、国王から賞が授賞された。クラフォード賞はノーベル賞ほど有名ではないが、専門家の間では栄誉ある賞と見なされている。2009年には、大阪大学の岸本忠三、平野俊夫両教授が免疫学分野における共同研究の功績で日本人として初めて受賞している。

ちなみに、太田教授は、2016年度の文化勲章も受章している。

国王、王妃とともに撮られた記念写真。前列左端が太田朋子名誉教授、その後ろがバーバラ・キャノン・スウェーデン王立科学アカデミー会長（提供：Royal Swedish Academy of Sciences）

5 知的交流の場としての「ノーベル・ウィーク・ダイアログ」

ノーベル賞の授賞式は毎年ノーベルの命日にあたる一二月一〇日に開催されるが、その日を挟む一週間は「ノーベル・ウィーク」と称され、賞に関連したさまざまな行事が開催されている。そのなかでも、二〇一二年からストックホルムとヨーテボリにおいて毎年交互に開催されている「ノーベル・ウィーク・ダイアログ（Nobel Week Dialogue）」は、ノーベル賞の受賞者、著名な科学者、政策決定者や市民活動家が特定のテーマをめぐって意見を交わし、その議論に耳を傾ける市民と直

ストックホルムにて開催された2014年の「ノーベル・ウィーク・ダイアログ」で基調講演を熱心に聞きる聴衆

接対話するというユニークな「知的交流の場」となっている。

そこでは、市民社会が関心を抱いているテーマが選ばれ、市民が専門家とのやり取りを通じてこれら喫緊の課題について知識を深めることができる。二〇一二年のテーマは「遺伝子革命とそれが社会に与える影響（The Genetic Revolution and its Impact on Society）」、二〇一三年は「未来のエネルギー開発（Exploring of the Future Energy）」、二〇一四年は「これからの年齢（The Age to Come）」、二〇一五年は「知の未来（The Future of Intelligence）」、そして二〇一六年は「食の未来（The Future of Food）」となっていた。このような機会が、ひいてはその社会における科学技術や学術の振興にもつながるという視点は重要である。

6　ダイアログの東京会合開催に至る経緯とそこでの主要テーマ

あるとき、私はノーベル財団のラーシュ・ヘイケンステン（Lars Heikenstein, 1950〜）専務理事、傘下のノーベル・メディアのマティアス・フィレニウス（Mattias Fyrenius, 1970〜）ＣＥＯから、この種の知的対話を「アジアで実現したい」という相談を受けた。ストックホルム支部を通じて日本学術振興会（ＪＳＰＳ）に話をつなぐと、ＪＳＰＳがこれまでアジアの若手研究者とノーベル受賞者との出会いの場として毎年春に行っている「HOPE会合」と相前後する形で、「是非、東京でもこのダイアログを二〇一五年に開催することを考えたい」という反応が返ってきた。

一方、ノーベル財団側は海外で初めてのダイアログとなる会合を、当初は二〇一四年にも開催したいという意向を示していた。このアイディアには韓国やシンガポールも関心を抱いており、実際、ノーベル財団の関係者がこれら諸国の関係機関とも折衝をはじめたということは承知していた。ただ、そうなると、予算措置を二〇一五年にしか講じられない日本にとっては、スウェーデン国外で初の企画を取り逃がすことにもなり兼ねない。何とか日本開催の意義が減殺されないようにいくつかの措置を考えたが、これも杞憂に終わった。幸いなことに、二〇一五年の春に先立ってダイアログを開催しうる国は現れず、日本が海外初の「ノーベル・ウィーク・ダイアログ」に類似した知的対話を開催するという光栄に浴することになったからである。

後日、韓国大使が私に語ったところによれば、韓国外務省としても一番乗りの重要性を認識して、政府部内でいろいろと働きかけたそうだが、主管する官庁が開催に必要とされる予算を手当てすることが困難だった、ということである。

初の東京会合は、「ノーベル・プライズ・ダイアログ東京二〇一五」と銘打って、同年三月一日に東京国際フォーラム（有楽町駅前）において開催された。主題は、過去のスウェーデンでの例に倣って「生命科学が拓く未来（The Genetic Revolution and its Future Impact）」となった。八〇〇人近くの人々が参加したが、そのうち、学生が三六パーセントを占め、外国人の参加者も三八パーセントに上った。

今日、遺伝子革命の進展には著しいものがあり、人類を含む地球上のあらゆる生命体に影響を及ぼすようになっているわけだが、ｉＰＳ細胞研究の医療への応用、遺伝子組み換え食品の危険などをはじめとして、倫理や行政がその進捗（しんちょく）に必ずしも追い付いていけなくなっているきらいがある。一連の議論を通じて、我々市民がこれらの課題にどのように向き合い、どのようにして未来の展望を切り開いていくべきかについて

「ノーベル・プライズ・ダイアログ東京2015」におけるパネルディスカッションの様子

さまざまな論点があぶり出された。

多くの参加者にとって、学ぶべき、実りある成果がもたらされたと考えてよいだろう。午前と午後で議論の形式は異なるが、いずれのセッションにおいても聴衆から質問や意見が出され、参加者との間でダイアログが行われた。まさにこれが、企画の真髄といえる。

スウェーデン本国のダイアログでは、使用言語は英語に統一されている。聴衆も難しい専門的な内容をフォローしており、活発なやり取りがステージとの間で行われるが、そのレベルの高さには圧倒された。一方、日本の聴衆は、想像どおり遠慮がちで控えめであった。

東京でのダイアログで特記すべきことは、当日の行事終了後に「HOPE会合」と合同で開催されたレセプションに天皇皇后両陛下がご出席されたことである。当初の計画にはなかった予定であり、両陛下は会合に参加したノーベル賞の受賞者や若手研究者などと親しくお言葉を交わされ、参加者一同は感激した。ご臨席は、両陛下のノーベル賞にかけるお気持ちを体現しているよ

脳研究の最先端について2017年のダイアログで基調講演する利根川進理化学研究所脳科学総合研究センター長（1987年ノーベル生理学・医学賞受賞者）

うで、両国関係に携わる者にとっても感動をもたらす機会となった。

第一回のダイアログを計画したときから、ある程度の期間を置いて再び日本で次の会合を行うことが想定されていた。そして、第二回会合が二〇一七年二月二六日に、同じく東京国際フォーラムにて高円宮妃殿下のご臨席を得て開催された。このときのテーマは「知の未来（The Future of Intelligence）～人類の知が切り拓く人工知能と未来社会～」であった。

全体会合の議論を通じて、急速な人工知能（ＡＩ）の発達が、これまで人類が経験したことのないスピードで人間と機械の関係や社会の仕組みそのものに大きな変革をもたらすであろうことについてコンセンサスが見られたが、その一方で、ＡＩがあくまでも人間にとっての道具であるとの認識を見失うべきではなく、あらゆる選択は自分（人間）にあるということを自覚する必要があるといった、ＡＩとの付き合い方に思慮深さを求める声も相次ぎ、双方から発せられる意見の対比は印象的なものであった。

「ＡＩが将来ノーベル賞を受賞するかどうか？」との問いかけについては、パネリストの間で賛否が分かれ、利根川進理化学研究所脳科学総合研究センター長による、「ＡＩを搭載したロボットが、ノーベル賞を勝ち取りたいという好奇心をもつようになることを祈りたい」という発言がその場をうまく取り仕切った。

現在、私が所属する富士通株式会社は、この会合の「特別スポンサー」になっただけでなく、サブ面で寄与すべく「人口知能・ICT技術の社会への適応」を議論する分科会の一つである「企業・ビジネスのイノベーション」にパネリストを派遣するなど、会合の成功に向けて多大な貢献を行ってくれたことを追記しておく。

このような形で「ノーベル・プライズ・ダイアログ」が日本社会で広く認知され、定着していくことは相互の知的交流という観点からいっても好ましい。他方、ダイアログ実現のために実際の交渉に携わった関係者の話を総合すると、ノーベル財団側でも国外のダイアログ企画を促進することでノーベル賞の意義をさらに高めると同時に、財団の運営上も利益につながるとの思惑を有していることが垣間見えてくる。その意味で、「ノーベル・プライズ・ダイアログ」を推進していくことは、日本とスウェーデンとの間で「Win－Win」の関係を築き上げていくことにもなるだろう。

幸いなことに、第二回会合の終了際に安西日本学術振興会理事長によって、両国が外交関係樹立一五〇周年を記念する二〇一八年の春に、「食」をテーマにした第三回会合の開催を予定しているというアナウンスメントが行われた。

第9章　地方の魅力

1　スウェーデン人の心の故郷――ダーラナ地方

ヴァーサ王朝始祖との結び付き

どこの国でも、地方の人々は人情味にあふれている。もちろん、スウェーデンも同様である。ダーラナ（Dalarna）地方は、スウェーデン人にとって「心の故郷だ」といわれている。

一六世紀、デンマークの圧制に反旗を翻した貴族のグスタフ・ヴァーサ（一〇八ページ参照）は、劣勢のため失意のうちにダーラナ地方に逃れ、そこからノルウェーに逃亡しようとしたが、その地で農民に励まされる。体勢を立て直して再び首都に向かい、最終的にデンマークをスウェーデンの地から追い出すことに成功した。その功績ゆえに、一五二三年、ヴァーサは国会によってヴァーサ王朝の祖「グスタフ一世」に選ばれている。

ちなみに、デンマーク兵に追われて雪のなかを逃亡するヴァーサの故事に倣って、現在でも毎年三月の第一日曜日には、長距離のクロスカントリースキー大会「ヴァーサロペット（Vasaloppet）」が開催されている。参加者は、セーレン（Sälen）の街を出発して、ムーラ（Mora）の街まで実に九〇キロメートルを走破する。

ダーラナ地方は、森と湖に特色づけられた風光明媚な土地である。農業と林業が盛んだが、冬場は深い雪に閉ざされることもあり、農夫が子ども用の玩具として副業でつくりはじめた木彫りの馬「ダーラヘスト（Dalahäst）」で知られている。今や、ダーラナの象徴というより、スウェーデンの象徴そのものになっている。

この地方の銅鉱山からは良質の銅が産出されているが、伝統的には、その廃液を利用した塗料が用いられることから馬の胴体は赤っぽい色をしている。虫よけ効果の高い、この赤茶けた色の塗料を塗った木造の家々があちこちに点在するのもダーラナ地方の特色となっている。この色が、緑の林や平地に実によく映える。

余談だが、最近ではさまざまな色合いの馬も増えてい

木彫りの馬「ダーラヘスト」

る。日本の電機機器メーカーである「FANUC」(ファナック)[(1)]がスカンジナビア支店をストックホルム郊外にオープンした際、お披露目の品として配布された「ダーラヘスト」は、同社のシンボルカラーである黄色になっていた。

レクサンドと北海道当別町との姉妹都市関係

ダーラナ地方は、日本と縁の深い所でもある。人口約六〇〇〇人のレクサンド(Leksand)市は、北海道札幌市近郊にある当別町(とうべつちょう)と姉妹都市関係を結んでいる。私が赴任する以前の二〇一二年に「姉妹都市関係樹立二五周年」を迎えたが、こんなにも長い期間にわたって交流が維持されてきたのは、関係者の並々ならぬ努力の賜物といえる。

遡ること二〇〇四年には、市内に日本庭園も造営された。とりわけ、市の顧問役を務め、ストックホルムに在住している折り紙職人の鳥本範氏(とりもとのりお)が、長年にわたって交流促進のために尽力していることは特筆に値する。

もちろん現在でも、レクサンドと当別町の関係者の交流は続いており、節目では市長・町長の

(1) ファナック株式会社。山梨県南都留郡忍野村に本社がある。社名の「FANUC」は「Fuji Automatic Numerical Control」の頭文字。

相互訪問も行われている。在任中の二〇一五年九月には、二〇一七年に迎える「三〇周年記念行事」を検討するため、当別町の宮司正毅（みやじまさき）町長一行がレクサンドを訪問している。

二〇一五年七月、用務帰国の機会を利用して私は当別町を訪問したが、町民のみなさんのスウェーデンに対する情熱には驚いた。町には、スウェーデンの町並みかと見紛うほどスウェーデン様式の家々が立ち並んでいる一角があり、そこには「レクサンド記念公園」や「スウェーデン交流センター」があって、両国の交流拠点となっている。

宮司町長は、スウェーデンハウスに居を構えていた。町長の説明によると、家屋は三重窓ガラスで断熱効果が高く、光熱費が日本家屋と比べてずっと少なくて済むということであった。

歓迎会の食事の席には、北海道北部に位置する枝幸町（えさしちょう）の村上守継（むらかみもりつぐ）町長も出席して、市民交流談義にひとしきり花が咲いた。枝幸町もスウェーデン北東部のヴェステルノール

レクサンド市内にある日本公園（2004年８月落成）

ランド県（Västernorrlands län）ソレフテオ（Sollefteå）市と姉妹関係を結んで久しく、二〇一八年に「姉妹都市交流三〇周年」を迎える予定となっている（一八二ページ参照）。

この会合に現れたスウェーデンファンの人びとの惚れ込みようは、中途半端なものではなかった。北欧独自の成人教育の場であるフォルケホイスコーレ（Folkehøjskole）に刺激を受けて「ホイスコーレ札幌」を設立して市民教育に打ち込んでいる女性がいたかと思うと、カロリンスカ研究所に留学して医師資格を取得し、現地にとどまるつもりだったが、実家の医院を引き継ぐために後ろ髪を引かれる思いで帰国したという人もいた。もっとも、この医師は、その後も札幌で両国の友好親善の促進に尽力している。

いずれにしろ、この席上では、多士済々な人々がそれぞれのスウェーデンにかかわる興味深い体験談を語ってくれた。

日本へ輸出されるスウェーデンハウス

話が前後するが、レクサンドにはスウェーデン様式家屋のコンポーネントを製造する株式会社「トーモク・ヒュース」の工場がある。この会社は、一九九一年に段ボール製造販売会社の「株式会社トーモク」（本社：東京）とその子会社である「スウェーデンハウス株式会社」、そして「三菱商事」の三社が出資して、スウェーデンハウスの取引先であった「インショーヒュース

（Insjöhus）社」を買収して設立されたものである。

近くの森から切り出された木材を使用してスウェーデン様式の家屋用コンポーネントを生産し、日本に輸出している。窓は三重ガラス、厚さ一二センチの断熱材を使用しているので、寒冷地でも熱効率は非常によい。

ここに工場を設立しようとした親会社の判断にも興味深いものがある。レクサンドの地に豊富な木材資源が存在することに加え、日本から数多くのコンテナが製品をいっぱい積んでスウェーデンにやって来るものの、帰路は多くが空のままであるので、これを利用すれば高い人件費をはじめとするスウェーデンでの生産にかかる諸経費は克服できると考えたのである。

親日的なウルリカ・リリエベリ（Ulrika Liljeberg, 1969～）市長や議会の計らいもあって、工場立地も有利に進んだのであろう。現在では、このスウェーデンスタイルの住宅が、北海道にとどまらず日本全国で販売されるようになっている。

森英恵さんのファッションモデルを務めた女性が営む湖畔のホテル

ダーラナ地方の中心にはシリヤン（Siljan）湖があり、森と湖が織り成す景色は「風光明媚」の一言である。初めてレクサンドを訪問したとき、湖畔にある丘の中腹に立つ「グリーン・ホテル（Green Hotel）」に滞在した。市長主催の夕食会は、トナカイの燻製ハムや川マスなど、この土地の豊かな食材を利用してつくられた料理であった。

テーブルの上に日本国旗が飾ってあるのを見て、サーブしている女性が「このホテルのオーナーは若いころ、パリで森英恵さんのファッションモデルをした経験があるのです」と説明してくれた。オマーンでのファッションショーを契機に知己（ちき）を得た森英恵さんに彼女の顔写真とともにそのことを伝えたら、森さんがパリで活躍していたころ、「モデルには、多くのスカンジナビア人女性がいた」という返信をもらった。残念ながら、今の写真から当時の誰かを推測するのは難しいとのことであった。それだけ、多くの北欧出身のモデルがいたということであろう。

国民的画家カール・ラーションのアトリエ

ダーラナ地方では、妻も心温まる楽しい思い出を残している。私が用務帰国をした際、一人となる退屈さを紛らわせるために東京から友人たちを呼び寄せて「女三人旅」を

グリーン・ホテルからシリヤン湖を望む景色

したときのことである。彼女たちの第一の目的は、ファールン（Falun）市郊外に位置するスンドボーン（Sundborn）にある二〇世紀の国民的画家カール・ラーション（Carl Larsson, 1853～1919）のアトリエを訪ねることであった。

このアール・ヌーボー期の画家は（夫人も芸術家）、夫人や子どもたちを題材にしたほのぼのとしたタッチの絵を描いた。日本の浮世絵の影響も強く受けており、アトリエ内の一室には、和風の趣の絵画やその材料となった浮世絵などが飾られている。

ストックホルムからファールンまでの電車の旅は快適だったそうだ。ところが、そこから分岐する先が苦難の道のりであったという。ファールンに着いてみると、昼近くにもかか

カール・ラーション邸内には彼の作品が溢れている

わらず駅舎には駅員がおらず、駅前にはタクシーも見当たらない。たまたま通りかかった人がタクシーを呼び出してくれて、やっとアトリエに向かうことができたらしい。

宿泊予定地のテルベリ（Tällberg）駅でも、人が誰もおらず、タクシーも見当たらない。仕方なく、駅前にある閉店間際の商店に飛び込んでホテルに電話して車を呼んでもらい、やっと湖畔のグリーン・ホテルに到着したという。

翌朝、次の目的地ムーラを目指して再びテリベリ駅に着いた妻は、ホテルにジャケットを忘れたことに気付いて直ぐにホテルに連絡をした。同じタクシーがジャケットを駅まで持ってきてくれて、最終的には事なきを得たが、この間は時間との闘いとなった。

タクシーを降りて妻に駆け寄る運転手から彼女へのジャケットの投げ渡し、すでに駅に到達していた電車の発車を止めようとドアに足をかけて妻の乗車を待つ友人たちの必死の形相。これを横目に、彼女たち全員の乗車を見届けるまで待ってくれる車掌ののんびりとした面持ち。まるでアクション映画のワンシーンのような出来事だったそうだ。

「でも、こんなことはすべて消し去るほどに、人々の温かさと楽しい思い出が心に残った」とは、妻の後日談である。もっとも、スウェーデン人の友人があとで彼女に語った内容は、「スウェーデンでは、あのような行程を行く場合は車が普通であり、不便な列車の旅など想定外」と、一刀両断であったそうだ。

2 スウェーデン第二の都市ヨーテボリ

オランダ風の街づくり

ヨーテボリ（Göteborg）はストックホルムに次ぐスウェーデン第二の都市であり、人口は五五万人余りである。ヨーロッパ大陸に近く、海運業や製造業が盛んな所である。ヴァーサ朝スウェーデンの最盛期を築いたグスタフ二世アドルフ国王（一〇八ページ参照）によって、一六二一年に街の礎が築かれたといわれている。

当時、交易や信教の自由を認められた数多くのオランダ人がこの地に暮らしていた。街は、彼らが得意とする要塞化の技術を活用して設計されたために、今でも街の雰囲気はアムステルダムやロッテルダムに似ている。日本国政府はここに名誉総領事を任命しており、かつてボールベ

知事公邸の入り口に掲げられている
グスタフ２世アドルフ国王の肖像画

アリング会社「ＳＫＦ（Svenska Kullagerfabriken）」の幹部としてアジア、日本に滞在した経験がある土地の名士、クラース・グリル（Claes Grill, 1943〜）氏が就任している。

ボルボ社ＣＥＯとの懇談

同名誉総領事のアレンジで二〇一四年四月にヨーテボリを訪問した際、ラーシュ・ベックストローム（Lars Bäckström, 1953〜）ヴェストラヨータランド県（Västra Götalands län）知事、レーナ・マルム（Lena Malm, 1959〜）ヨーテボリ市議会議長を表敬訪問し、自動車メーカーの「ボルボ社」、海運会社の「ステナ（Stena）社」の本社を訪れた。また、ヨーテボリ大学でパム・フレードマン（Pam Fredman, 1950〜）学長と会談したあと、学生を相手に日本の文化について講演したほか、現地に進出している日本企業の代表の方々と意見交換をする機会もあった。

ヴェストラヨータランド県は神奈川県と姉妹県関係を有しており、ベックストローム知事は日本の事情にも詳しい。オーロフ・パーション（Olof Persson, 1978〜）ボルボ社ＣＥＯが本社のゲストハウスで開催してくれた夕食会で説明してくれたところでは、ボルボ社の乗用車部門は中国資本に売却されたものの、重機、トラック部門はヨーテボリの本社が管轄しており、日本はこの部門において重要な顧客である、ということだった。

「現に、以前日産系列にあった『ＵＤトラックス』を買収することによってボルボ・トラックの選択肢を増やし、業績を引っ張っていくことができた」と述べ、日本メーカーとの協力を評価していた。ただ、残念なことに、ボルボ全体としての業績はその後芳しくなく、同CEOは二〇一五年四月にその座を去っている。

3 北欧最古の大学とリンネの街ウプサラ

国際的に優れた人物を輩出するウプサラ大学

カール・リンネ（Carl Linnaeus, 1707～1778）を語るとき、彼が教鞭をとった大学のあるウプサラ（Uppsala）に触れることなく済ますことはできない。リンネは「分類学の父」として国際的に著名であるが、スウェーデンでは科学分野における特別な存在となっており、スウェーデン王立科学アカデミーの大広間に飾られている学者の肖像画のなかでも、彼のものだけは、ルーブル美術館

左端がグリル名誉総領事、その隣がパーション「ボルボ社」CEO

の『モナリザ』のようにガラス張りの保護板で守られている。二〇一七年六月三〇日まで有効な一〇〇クローナ紙幣の肖像画にもなっているので、国民もリンネを身近な存在として感じている。

ちなみに、斬新な新一〇〇クローナ紙幣の肖像画は、リンネに代わって女優グレータ・ガルボ（Greta Garbo, 1905～1990）となっている。

ウプサラ大学は北欧最古の大学であり、一四七七年に創立されている。スウェーデン国内でも、ルンド大学と並んで由緒ある総合大学であり、大学ランキングでも互いに競い合い、切磋琢磨しあう関係にある。

ウプサラ大学はこれまでに数多くの優れた人材を輩出しているが、自然科学の分野では、リンネのほかにも「摂氏度」の概念を生み出したアンダーシュ・セルシウス（Anders Celsius, 1701～1744）、「分光学の父」と称され、オーロラ研究で功績を上げたアンダーシュ・オングストローム（Anders Jonas Ångström, 1814～1874）などがいる。

また、ロプノール、楼蘭などの遺跡に到達した探検家・考古学者のスヴェン・ヘディン（Sven Hedin, 1865～1952）もこの大学の出身であるし、政治の分野ではタグ・ハマーショルド第二代国連事務総長やハンス・ブリックス国際原子力機関事務局長（元外相）、ヤン・エリアソン国連副事務総長（元外相）など、国際舞台で活躍した人も多い（ともに、一一九ページ参照）。

100クローナ紙幣

忘れてはいけないことがある。物理学、化学を中心とする分野で、八名のノーベル賞受賞者を輩出していることだ。その年の受賞者を招いて学長が開催する「ノーベル・レクチャー」と「ノーベル・ランチ」は、大学の恒例行事となっている。

私の任期中に学長を務めていたのはエヴァ・オーケソン（Eva Åkesson, 1961〜）教授であった。二〇一二年に就任しているが、ウプサラ大学七〇〇年余りの歴史のなかで、初の女性学長である。オーケソン学長は国際的な交流にも熱心で、日本との関連でも東京大学や京都大学をはじめとする大学間の交流を活発にし、ノーベル物理学賞を受賞した天野浩名古屋大学教授をノーベル・ランチに招いたり、小原流小原宏貴五世家元などの芸術家を招いて「いけばなと

「いけばなと現代植物展」の一環でウプサラ大学付属植物園にて行われた花結い師 TAKAYA さんのパフォーマンス（右）と小原流の展示作品の一部

現代植物展」を開催したりするなど、大使館とも連携を保ちながら学術・文化の振興に尽力してくれた。

ウプサラという土地柄が進歩的なのか、オーケソン学長に続く形で、二〇一四年には第七〇代のウプサラ大司教に、ルンドのアンチェ・ヤッケレン（Antje Jackelén, 1955～）司教が就任した。こちらは、一一六四年以来、スウェーデン教会史上初の女性大司教であると同時に、外国（旧西ドイツ）生まれで初めて大司教に就くという、二重の意味での大記録となった。

オーケソン・ウプサラ大学学長
（提供：Uppsala University）

スウェーデン最古の植物園――リンネ庭園

ウプサラには、「リンネ庭園（Linnéträdgården）」と呼ばれる大学付属の植物園がある。医学生の教育のためにオラウス・ルドベック（Olaus Rudbeck, 1630～1702）医学部教授によって一六五五年に造られたもので、スウェーデン最古の植物園である。その後、カール・リンネがウプサラ大学の教授になってルドベックの跡を引き継ぐと、園内に屋敷を造らせ、そこで一七四三年から一七七八年までの間、家族とともに暮らした。

　リンネはこの庭園で育てた植物を対象にして書物を著している。弟子のカール・ペーター・ツーンベリ（Carl Peter Thunberg, 1743～1828）が園長を務めた時代、有益な植物は新植物園に移されたので庭園は本来の植物園としての意味を失ったが、一九三七年に「リンネ博物館」として再興された。館内には、リンネが学生相手に語った部屋が保存されており、彼にまつわる品々も展示されている。

　リンネの弟子であるツーンベリは、オランダの東インド会社の社員に身をやつし、セイロン、インドネシア経由で長崎の出島に入り、そこで商館付きの医師として一七七五年の夏から一年間日本に滞在した。その間、日本で植物や動物を採取して、母国に送り続けた。ウプサラ大学には、そのときの標本や資料が今でも大切に保管されており、私もその一部を見せてもらったが、長い年月

今はリンネ博物館になっている庭園内のかつての住居

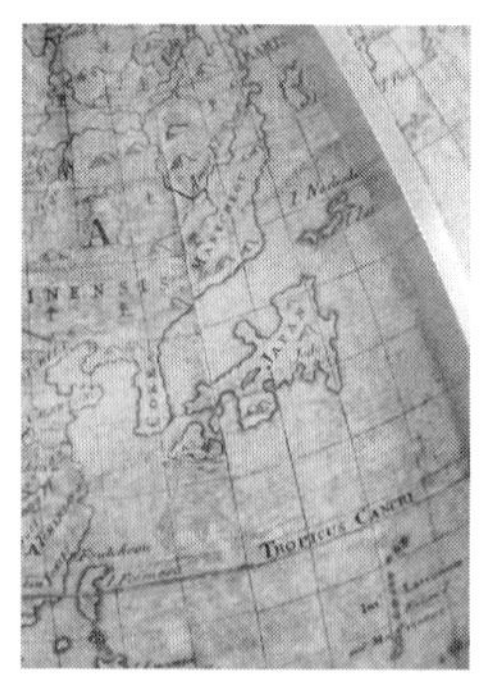

リンネが使用していた地球儀に示される日本。江戸（Jedo）の記述がある

が経過したにもかかわらず良好な状態で保存されていた。

　ツーンベリは、翌一七七六年の春、商館長に付き従って江戸への参勤交代を果たし、第一〇代将軍徳川家治（一七三七～一七八六）に拝謁している。彼が記した道中記は『江戸参勤随行記』（高橋文訳、平凡社東洋文庫、一九九四年）として出版されているが、当時の日本の様子を知るための紀行文としても面白い。

4　スウェーデン最南部にある二つの街

デンマークと橋で結ばれて発展するマルメ

　マルメ（Malmö）はスウェーデン第三の都市で人口は三〇万人弱であるが、隣国デンマークとエーレスンド橋（Øresund Bridge）でつながっており、デンマークとの経済的な結び付きが強い。

ツーンベリが日本で収集した標本を見る筆者（中央）

日端両国の国旗が高々と掲げられたマルメ市庁舎

デンマークとスウェーデンを結ぶエーレスンド橋（提供：PIXIMUS）

エーレスンド橋は二〇〇〇年七月一日に開通した。下を鉄道、上を車が走る構造になっており、デンマークから途中の人工島まで約八キロの長さとなっているが、海上交通のために、そこから先四キロほどは海底トンネルでスウェーデンとつながっている。車で走っていると、橋から滑り落ちて、海中に潜っていくような感覚である。

マルメにも日本国名誉総領事がおり、レイフ・アルメ（Leif Almö, 1944〜）氏がその任に当たっている。日本武芸に精通したスポーツ愛好家であり、市内に青少年交流の目的も兼ねて大きなスポーツセンターを運営している（二五〇ページで詳述）。

アルメ名誉総領事のアレンジで二〇一四年二月にマルメ市を訪問した際には、市庁舎前に日瑞両国の国旗が高々と掲げられ、ケント・アンダーション（Kent Andersson, 1955〜）市長自らが、一七世紀までにデンマークの支配から独立した市にまつわる歴史を説明しながら、由緒ある市庁舎の内部を案内してくれた。

研究科学都市ルンド

同じスコーネ県（Skåne län）にあるルンド（Lund）は、大学都市であると同時に科学技術の振興にも力を入れている。アニカ・アネビー＝ヤンソン（Annika Annerby Jansson, 1944〜）市長が、熱っぽく研究機関が取り組む粒子物理学や環境に優しい都市づくりについて語ってくれた。

日本の「ソニー」は、かつて「エリクソン社」と協力していたが、現在も「ソニー・モーバイル社」をルンドに残している。私が同社を訪れたときには、東京からの出張者と現地の社員が会議室で熱い議論を闘わせていた。

また市内には、ソニー・モーバイルとエリクソンが協力して運営されている「モーバイル・ハイツ」というスタートアップ支援組織があり、独創的で有望な起業家に対して無償でサービスが提供されている。そこを訪問して関係者と話していると、「イノベーション」という言葉がしばしばキーワードとなるスウェーデン社会の進取の気質を垣間見る思いがした。

5 リンショーピン——スウェーデンが誇る戦闘機「グリペン」の生産地

由緒ある知事公邸に宿泊

二〇一五年一月下旬、リンショーピン（Linköping）市を県庁所在地とするオステルヨートランド県（Östergötland län）のエリサベス・ニルソン（Elisabeth Nilsson, 1953～）知事の招きに応じて、私はこの街を訪問した。人口一〇万人足らずの小さな都市であるが、かつては宗教の中心地として司教座が置かれていた。

鉄道網の発展によって産業の基盤がつくられると、スウェーデンを代表するサーブ社などが生産工場を設け、産業都市としても発展してきている。知事公邸は一二世紀の昔に遡る由緒ある城であるが、国王王妃夫妻が同地を訪問する際に滞在するロイヤル・ルームに宿泊させてもらうという貴重な経験をした。

訪問したサーブ社では、同社が誇る戦闘機「グリペン」（一二三ページ参照）について説明を受け、実際コクピットに試乗させてもらった。そこで受けた説明によれば、グリペンは同世代の戦闘機のなかではステルス性をはじめとして求められる諸性能を備えているほか、従来のタイプに改良を加えるという独自のやり方で性能を向上させるために、価格面でのコストパフォーマンスに優れた飛行機とのことであった。これまでに、チェコやハンガリー、タイなどで運用されており、私の在任中にはブラジルによる三六機の購入が決まって話題となった。

リンショーピン知事公邸（撮影：Lars Aronsson）

コクピットでは、かつて空軍に在籍していたエンジニアから説明を受けたが、こんな複雑な計器類を操作しながら、どうやってドッグファイトなどの攻撃を行うのだろうかと思ったが、彼の説明では、慣れればさほど難しいことではなく、かなりの部分はコンピュータが対応してくれるとのことであった。

日本と縁のある企業を訪問

リンショーピン滞在中、近郊にあるミョールビー（Mjölby）に拠点を構える「トヨタ・マテリアル・ハンドリング社」も訪問している。この会社は「豊田自動織機」が現地の会社を吸収して設立されたもので、主にフォークリフトを製造している。

トヨタ・マテリアル・ハンドリング・ヨーロッパの藤原啓会長によれば、スウェーデンの会社と一緒になることで、車体後方に重心がある車種も加わってトヨタ・フォークリ

サーブ社の「グリペン」の前で記念撮影。前列左から２人目の女性がニルソン知事

フトのラインアップが広がり、幅広い需要に応えられるようになったそうだ。工場内では、最新機器の開発試験が行われたり、工具を持ち運びする無人のリフトも行き来したりして、システマチックな動線が印象的であった。

市当局のすすめもあって、郊外のエーデスヘーグ（Ödeshög）に位置し、日本とも深いつながりのある羊毛製品をつくる工房も訪問した。老夫妻と息子が経営しており、雪深い奥地にある工場はモダンな生産様式とはかけ離れた光景を見せている。

昔の繊維工場を思わせる大型機械がガチャガチャと大きな音を立てながら羊毛を織っていくが、よく見ると、柄を決めるのはパンチで穴を開けた薄板である。そこから織り出される羊の模様も実にノスタルジックなものだったが、妙に愛着がある。

ご主人の説明によれば、紡ぐ前の羊毛はほとんど黒に近

古式ゆかしい羊毛織物工場

いものだが、羊毛の品質がよいのでほかには代えられないとのことであった。これを染色して仕上げる毛糸は、実にカラフルな色合いとなっている。日本へも北欧の手芸用品として輸出されており、この毛糸を使った編物教室が盛んに行われるようになったので、奥さんは講師役として日本へ招待されることが多くなったそうだ。

6 北海道枝幸町と姉妹都市関係のソレフテオ

川の中州に発展する町

ヴェステルノールランド県のソレフテオ（Sollefteå）は、人口一万人余りの小さな町であるが、前述したように、北海道枝幸町（えさしちょう）と長年にわたって姉妹都市交流を行っており、二〇一三年には交流二五周年の記念行事が行われた。そのときに植樹された桜の木が立派に育っている。

ソレフテオの語源は、「二つの水の間の場所」を意味するラップランド語だという。オンゲルマン川（Ångermanälven）の中州を挟んで両側に発展する町では、豊かな水を活用して発電が行われているほか、林業で生み出された製品が日本にも輸出されている。

ソレフテオは、県庁所在地のスンズバル（Sundsvall）から川に沿って進むとほぼ真北の位置にある。ストックホルムから車でそこに向かう途中、ロヴェーン首相が子どものころ、家庭の事情で里親に育てられたというスンナースタ（Sunnersta）地区を通過した。町の関係者の話では、組合のトップから首相にまで上り詰めた我が息子は母親にとって自慢の種だそうだが、これだけの社会的流動性を有するスウェーデン社会も素晴らしい。

林業分野で重用される日本製品

ソレフテオ付近は林業が盛んな所であるが、そのなかには日本企業と緊密な関係を有しているものがある。そもそも、スウェーデンの国土面積の約七割は森林であり、林業は純輸出額で見た外貨獲得力では稼ぎ頭となっている。

その林業と電動ノコギリは切っても切り離せない関係だが、私が案内された「スリップ・サービス（Slip Service）社」は、木材の切り出し現場で使われるチップソーなどの刃を研ぐサービスを提供している。一定期間使用して切れ味の悪くなったノコギリを回収し、鋭く研ぎ直して現場の関係者に送り返すのである。家内工業的な性格が強いので、サービスを提供しうる範囲を考えると事業を一気に拡大することは難しそうだが、木を伐り出す企業や人々との厚い信頼に基づいて成り立っている。

これらの人々の間で、切れ味が鋭く頑丈で、長持ちすると高い評価を得ているノコギリのメーカーが愛知県名古屋市にあるという。その名は「カネフサ」である、とペーター・オレモ（Peter Oremo）社長から聞かされた。耳にしたことのない名前だったので、後日調べてみると、確かに「刃物であらゆる加工を可能にする革新的技術集団」であることを誇りとする「兼房株式会社」[2]に行きあたった。

オレモ社長によると、鋼の質が他のメーカーとは比べ物にならないので、伐採や木材加工に携わる誰もがそこの製品を欲しがるということだった。

製品の調達には数か月ほどかかるし、十分な供給を得られるわけではないが、それでも「兼房」の製品に対する<u>こだわり</u>が根強いとのことである。スウェーデンの人里離れた山中にある工場でこの話を聞かされたときは、日本国大使として誇りに感じたものである。

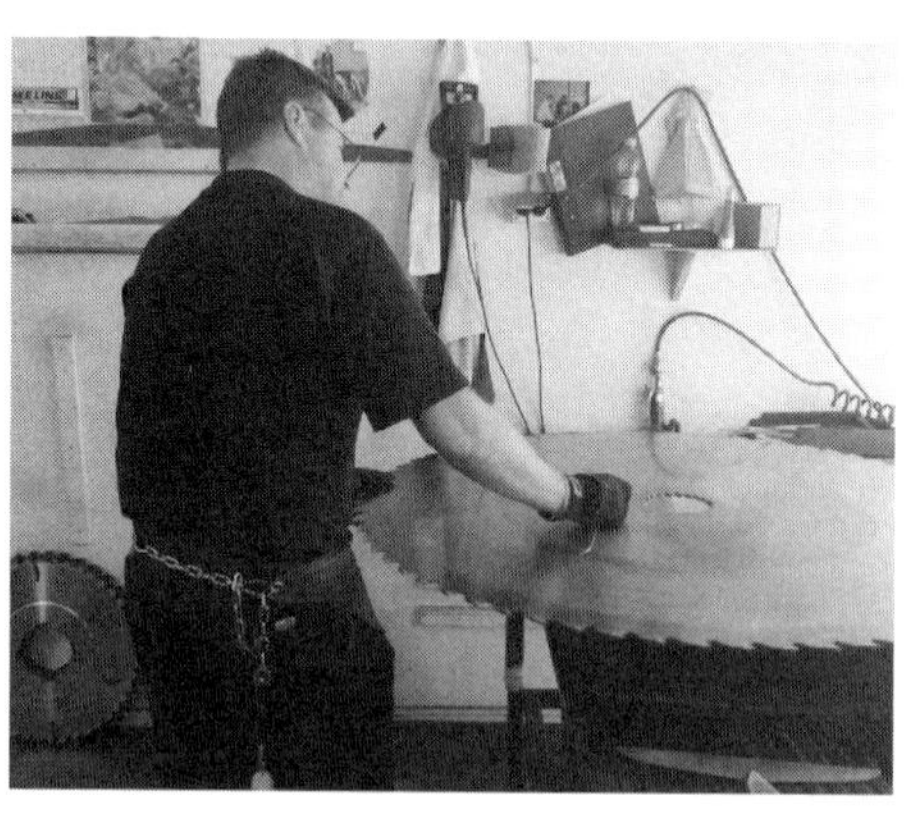

スリップ・サービス社で仕事をする従業員。そこで使用されている機械はドイツ製のものが多かったが、仕上げには職人の手仕事に依存する部分が大きいとのことである

ある年、オレモ社長は名古屋にある「兼房」の工場を訪問したようだが、製品をつくる一部の工程だけはブラックボックス化されていて見せてもらえなかったという。その話を聞いて、その部分こそ、「名刀兼房」をつくる工程に相通じるものがあるのではないかと、私の想像は勝手に膨らんだ。オレモ社長からは「カネフサに匹敵し、類似の優れた製品を供給し得る日本の企業があったら紹介して欲しい」と言われたが、いまだ果たせていない。

林業に関連する話をもう一つ紹介しておこう。

スウェーデン北部に位置する最大の街ウメオ（Umeå）には、小松製作所の子会社である「コマツ・フォレスト社」がある。優れた性能を誇る伐採機器を製造するスウェーデンの会社を吸収して、より生産性の高い伐採用重機を生産して世界各国に輸出している。

スウェーデンの林業では、比較的平坦な斜面に生える木を伐採することが多いので、大型の重機を伐採現場に持ち込むこともさほど難しくはない。しかし、このコマツの伐採用重機の優れたところは、ロボットアームのようなアタッチメントを巧みに操りながら、現場で木を伐採するの

（２）本社　〒480−0192　愛知県丹羽郡大口町中小口１−１　TEL：0587−95−2821。中部支社　〒456−0058　名古屋市熱田区六番三丁目11−４　TEL：052−653−2211

みならず、ものの見事に枝葉の削ぎ落としも行い、同時にその場で注文に応じた長さに加工までしてしまうところにある。

同社の三宅敏雄社長によれば、このようにコンピュータを活用した注文・生産・在庫管理によって、効率は著しく高まったそうである。

コマツは、地元コミュニティーとの関係維持にも力を注いでいる。ウメオに滞在中、コマツも支援する日本の高等専門学校にあたる「ドラゴンスクール・テクニカルセンター（Dragonskolan）」を訪問して、実技に励む若者たちの様子を視察した。

珍しく日本国大使がやって来たということで、続けざまに質問を浴びせかけられた。彼らの話を聞いていると、コマツが地元において培ってきた日本との結び付きについて、大いなる好奇心をもっていることが分かった。スウェーデン北部においても、日本という国の存在は決して小さくない。

伐採用重機を組み立てるコマツの内部

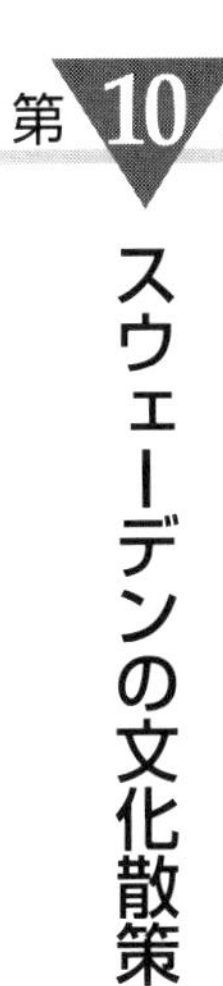

第10章　スウェーデンの文化散策

1　「欧州文化首都ウメオ二〇一四」

私の在任中には、文化面でもさまざまな興味深い出来事があった。最初に紹介したいのは、「欧州文化首都二〇一四（European Capital of Culture 2014）」にスウェーデン北部の都市ウメオが指定され、一年を通じて各国による数多くの文化関連行事が執り行われたことである。これに関しては、スウェーデンに着任後、旧知の古木修治ＥＵジャパンフェスト日本委員会事務局長から連絡をもらって知っていた。

古木事務局長とは、二〇年以上前、私が外務省西欧第一課長として欧州文化首都への日本の参加を支援する活動を通じて知り合った。当時は、年間を通してヨーロッパの一つの都市が対象に選ばれていたが、現在では二か所が指定されることになっており、この年はウメオと並んでラトヴィアの首都リガ（Riga）が対象となっていた。日本が毎年参加するために日本国内で実行委員会が組織され、財界人が委員長に就任するのだが、二〇一四年の実行委員長は三井住友ファイナンシャルグループの奥正之取締役会長であった。

ウメオはストックホルムから北へ約六〇〇キロメートル、北極圏から四〇〇キロメートルほど離れた街であるが、会期中は石川県小松市の協力を得て、苔を使った日本庭園、日本の生地と絞り染めの展示会、日本映画祭、「北斎からマンガまで」と題したワークショップ、そして日本発のプレゼンテーションショー「Pecha Kucha Night（ペチャクチャの夕べ）」などが開催された。

オープニングの式典はヴィクトリア皇太子の参加を得て、一月三一日の夜、「燃え上がる雪（Burning Snow）」と銘打って行われた。ウメオ周辺は、先住民族のサーミ人がトナカイを放牧しながら暮らすという土地であったが、現在では、市民の半数以上が学生という学園都市として発展する街となっている。

オープニングは、数万人の参加者が川岸から凍りついたウメ川（Umeälven）の上に設置された特設舞台を見守るなかで行われた。小雪が降り、川面を走る風が冷たく、観客である我々もじっと立っていることができない。みんなが足踏みをしながら寒さを凌ぐほどであった。恐らく、マイナス二〇度近い気温であっただろう。

舞台では、サーミの人々の生活と発展を示す舞踊と音楽がモダンなタッチで描かれ、実物のトナカイや橇（そり）が登場して雰囲気を盛り上げていた。スキーでの怪我が治ったばかりのヴィクトリア皇太子は、ご主人のダニエル王子、エステル（Estelle, 2012～）王女とともに舞台に上がり、サーミの人々の織物を暗喩（あんゆ）するかのように、「文化は、過去と現在、そして未来の社会を一つに織り上げた織物です」と開会の挨拶を述べた。

式典のあとにウメオ大学で開催された夕食会では、ウメオ出身でストックホルムの「グランド・ホテル」三ツ星レストランのシェフを務めるマティアス・ダールグレン（Mathias Dahlgren, 1969～）氏が腕を振るい、ヴェステルボッテン県（Västerbottens län）

凍ったウメ川に設置された特設舞台では、大型のスクリーンがサーミ人の歴史と文化を映し出す

の食材とトナカイのフィレ肉を使った料理が供された。この趣向を凝らした料理を各テーブルへ配膳したのは、同大学の料理学科に所属する学生たちだった。

ここでもサーミ人の音楽家が歌を披露してくれたが、そこからは彼らと動物たちとの共生ぶりが看取され、トナカイの鳴き声を再現する響きは何か哀愁に満ちたものとして耳に入ってきた。

来賓の人々が会場に設えられたステージに招かれると、一種驚嘆の声が挙がった。そこには、ヴィクトリア皇太子のほかに文化大臣、州知事、市長、大学学長が並んだのだが、全員が女性であったのだ。ここでも、スウェーデンにおける女性の社会進出状況が如実に示されていた。

2 スウェーデン王立バレエ所属の木田真理子氏がブノワ賞を受賞

王立バレエにダンサーとして所属する木田真理子さんが、バレエ界の登龍門であり、「バレエのアカデミー賞」とも称されるロシアの「ブノワ賞」を二〇一五年五月に日本人として初めて受賞するという大挙を成し遂げるまで、恥ずかしながら私はこの賞のことを知らなかった。前年、『ジュリエットとロミオ』で演じたジュリエット役が高く評価されてのことであった。

在外公館長賞の授与式を兼ねてお祝いの集いを公邸で行ったところ、王立バレエ関係者のほかに、スウェーデンで芸術を学んでいるという日本人の若者が集まってくれたので、さまざまな話を聞くことができた。バレエや音楽にとどまらず、写真や映画のプロデュースなど幅広い分野で芸術を学ぶ若者がスウェーデンに来ているが、芸術を語る彼らの目は一様に輝いていた。

その後、木田さんは王立バレエのプリンシパル（主役）に登用され、バレエ界でより一層脚光を浴びるようになった。深く印象に残っているのは、二〇一四年のノーベル・ディナーにおける彼女の演技である。この年のノーベル物理学賞は、先にも述べたように青色ＬＥＤにまつわる功績で三人の日本人が受賞したわけだが、このときのノーベル・ディナーでは王立バレエ団員によるパフォーマンスが披露されたのだ。

ディナーはノーベル財団が主催するもので、ストックホルム市庁舎の「青の間」において行われる。国王王妃夫妻をはじめとする王族も出席する華やかな席となっている。一五〇〇名余りのゲストに対して、毎年、社交界で何かと話題となるディナーが振る舞われるが、フロアー・マスターの完璧な指示のもとに、一糸乱れず温かい食事が全員に運ばれてくるさまは荘厳ですらある。

大使公邸での木田真理子さん

数時間続く食事の合間に、階上から延びる階段の踊り場を利用してパフォーマンスが行われるのだが、そこに木田さんをはじめとする日本人ダンサーが出演したのである。踊りは柔軟な体を自在に扱うモダンダンスだったが、小柄であるにもかかわらず大きな表現力の木田さんは参加者の関心を大いに誘った。ブノワ賞を受賞した日本人ダンサーであること、そして日本人がノーベル賞を受賞したという晴れの舞台であることも手伝って、私が座っていた周辺ではひとしきり話が盛り上がった。

3 ジュゼッペ・アルチンボルドの絵画

ジュゼッペ・アルチンボルド（Giuseppe Arcimboldo, 1527～1593）という一風グロテスクで面白い絵を描く画家がいると知ったのは、ウィーン在勤時代に「美術史美術館（Kunsthistorisches Museum）」を訪れて、その作品を鑑賞したときのことである。

寡作な画家だったそうだが、スウェーデンには彼の作品がいくつか存在している。このことは、日本の国立西洋美術館が世界にあるアルチンボルドの作品を集めた展覧会を企画し（二〇一七年六月～九月）、大使館の側面支援について要請があったことから知った。

そのうちの二作品は、ストックホルムとウプサラの間に位置する貴族の館にあると分かったので、二〇一五年八月のある週末、妻と二人で出掛けてみた。そこは「スコークロスター城（Skoklosters slott）」と呼ばれている所であり、ここには「ウェルトゥムヌスに扮するルドルフ二世（Vertumnus/Emperor Rudolph II）」と「司書（The Librarian）」という二作品があるとされていた。

この館は、三〇年戦争を戦った将軍カール＝グスタフ・ヴランゲル（Carl Gustaf Wrangel, 1613～1676）が一七世紀に建てた、スウェーデンでは最大と称される私邸である。館の内部も見学でき、当時の貴族の生活ぶりをうかがい知ることができて興味深い。とりわけ壁の一部にある装飾は、恐らくなめした革に絵の具や金を塗って描かれたのだろうが、興味深く、動物のような顔は愛嬌があった。類似の装飾は、王宮府長官の執務室でも見かけたが、いずれもかなり古い年代のものであろう。

スコークロスター城の全景

正面入り口から入って左手に回ると、台所や普段は食堂として使っていた区画があるが、そこにショーケースが設けられて、「ウェルトゥムヌスに扮するルドルフ二世」の絵が何気なく置かれている。この絵は、アルチンボルドがハプスブルグ家の宮廷画家としての公務を退いたあとにミラノで描かれたものとされているが、自分を寵愛してくれた神聖ローマ帝国ルドルフ二世（Rudolf Ⅱ, 1552～1612）の肖像画である。

皇帝は、この絵をたいそう気に入っていたといわれている。使われている素材は野菜や果物、花などであるが、神聖ローマ帝国皇帝を描いた数少ない絵画の一つとして珍重されている。

この館にはもう一つの作品である「司書」が所蔵されているはずなのだが、残念ながら館内で見かけることはなかった。やむなく、土産物として売られ

神聖ローマ帝国皇帝を描いた数少ない絵画「ルドルフ二世」

ポスターに見る「司書」

ているポスターから本物を想像するしかなかった。

ところで、イタリア人の画家であるアルチンボルドのこれら絵画が、なぜ北欧のスウェーデンにあるのだろうか。事は、一六一八年にはじまった「三〇年戦争」にまで遡る。この戦争は、カトリック勢力とプロテスタント勢力の間で行われた「宗教戦争」といわれているが、それだけにとどまらず、神聖ローマ帝国を舞台にした主要国間の覇権争いでもあった。

一六三〇年、「北方の獅子」と称されるグスタフ二世アドルフ国王（一〇八ページ参照）が率いるスウェーデン軍は、プロテスタント教徒の側に立ってカトリックの牙城であるハプスブルク家の皇帝軍と戦火を交えるが、破竹の勢いでドイツ南部にまで進攻して「バルト帝国」（一〇九ページ参照）の礎を築いた。結果的には、カトリック側が守勢のうちに、一六四八年、ウェストファリア条約によって戦争は終結する。スコークロスター城以外に所蔵されているものも含めて、スウェーデンに存在するアルチンボルドの絵画は、この「三〇年戦争」の戦勝品として、合法的にプラハの美術館から移籍されたものである。

この話は、国立美術館のキュレーター（管理責任者）から耳にしたものであるが、戦争によって移籍ないし収奪された文化遺産の本国への返還について国際社会の向ける眼差しが厳しくなりつつある昨今、スウェーデンとしてはアルチンボルドの絵画について合法性をきちんと主張しうるものの、腰を低くして、あまり公に経緯を語らないようにしているとのことであった。

4 『魔女の宅急便』

寿司と並んで、スウェーデンでもアニメや漫画は若い世代の間で人気となっている。かつて勤務したオマーンでもそうだったが、日本のアニメや漫画に触発されて日本語を学んだり、日本を訪れたりする若者もかなり多い。他方で、ヨーロッパで放映されている『みつばちマーヤの冒険』や『アルプスの少女ハイジ』などは、日本人がつくったアニメと思っていない人たちもいる。

スウェーデンは児童文学が盛んで、世界的にも有名なセルマ・ラーゲルレーヴ（Selma Ottilia Lovisa Lagerlöf, 1858～1940）が書いた『ニルスのふしぎな旅』や、アストリッド・リンドグレーン（Astrid Lindgren, 1907～2002）の『長靴下のピッピ』といった有名な作品を輩出している。これらの児童文学や小説に加えて、最近はアニメや漫画も一種の文学形態として広く許容されている。

日本とスウェーデンを結ぶアニメに、スタジオ・ジブリの『魔女の宅急便』がある。角野栄子氏による同名の児童書を宮崎駿監督がアニメ映画化したものだが、オリジナルの書籍はスウェーデン語にも翻訳されている。魔女として生きることを決意した主人公の少女キキが、海の向こうの町「コリコ」に辿り着くところから物語がはじまるが、映画に出てくる街のモデルになったのがストックホルムとゴットランド島といわれており、ストックホルムの旧市街「ガムラスタン」や、中世建築や石畳の特徴を残しているヴィスビーの街並みが作品のなかに現れてくる。しかしながら、『Kiki's Delivery Service』と呼ばれるこの映画のことを知っているスウェーデン人は多いが、自分たちの国が舞台になっていることを知っている人はほとんどいない。

宮崎監督とスウェーデンは少なからざる縁があるようだ。同監督は、児童文学の代表作『長靴下のピッピ』をアニメ映画化しようと、いくつかのコンセプト画を描いていたようだ。アメリカではすでにアニメ映画化もされているのだが、アストリッド・リンドグレーンの親族は宮崎監督に対して映画化することを認めず、この構想は流れてしまったという。

とはいえ、その夢を追いかけて、関係者の間を引き続き奔走しているスウェーデン人の実業家を私は知っている。いつかこの構想が現実のものとなれば、両国の児童文学ファンや若者を大いに喜ばせることになるだろう。

ガムラスタンの遠景

5 数寄屋建築の茶室「瑞暉亭（ずいきてい）」

大使館からさほど遠くない所に「民族博物館（Etnografiska Museet）」があり、その庭園には博物館に付属する茶室がある。数寄屋建築の技術と日本の資材で建築された北欧唯一の純日本風の立派な茶室であり、学術的にも高い価値を有している。

ここでは、ストックホルムの裏千家淡交会が来訪者のために茶会を催しており、両国の交流と親善を促進するうえでも大きな役割を果たしている。「瑞暉亭（ずいきてい）」と呼ばれるこの茶室の歴史は古く、両国の皇室・王室の交流にも関わってくる。

もともと、この茶室は王子製紙の藤原銀次郎社長の寄付によって建立されたものである。まず日本で仮組みが行われたのち、秩父宮同妃両殿下のご臨席のもとで落成披露が行われて「瑞暉亭」と命名された。

その後、いったん解体されてスウェーデンに渡り、一九三五年、当時のスウェーデン皇太子（のちのグスタフ六世アドルフ国王［Gustaf VI Adolf, 1882～1973］。現カール一六世グスタフ国王の祖父）も臨席して落成式が行われた。そして、一九五三年には、エリザベス女王戴冠式にご出席の帰路、スウェーデンをご訪問された我が国の皇太子殿下（今上天皇陛下）も訪れておられる。

ところが、この瑞暉亭は一九六九年に焼失してしまった。これを悲しんだスウェーデンを代表する商社「ガデリウス社」のタロー・ガデリウス（Taro Gadelius, 1913～1995）氏と日本の製紙業界などの努力によって再建が実現することになり、旧瑞暉亭の場合と同様、一九八九年に常陸宮同妃両殿下、秩父宮妃殿下のご臨席のもと日本で落成披露が行われたのちに解体・移送されて、スウェーデンにて現国王の姉君であるクリスティーナ王女が出席して落成式が執り行われている(1)。

瑞暉亭では、今日でもガデリウス氏を偲ぶお茶会が行われており、私も一度、妻とともに参加したことがある。

二〇一五年、瑞暉亭は再建二五周年を迎えた。これ

(1) 小野寺百合子著『新装版　バルト海のほとりの人びと』（新評論、二〇一六年）も参照。

ガデリウス氏を偲んで開かれた茶会。左端の女性は、瑞暉亭を寄贈した王子製紙の藤原銀次郎社長の曾孫にあたる久保田裕子氏

を機に、「関西・大阪21世紀協会」から日本万国博覧会記念基金助成事業の交付金を受け、日本から茶室建築の専門家を招いて修繕工事が行われ、茶室は装いを新たにした。

関係者の間でこれを祝う茶会や催しが開催されたほか、本館の民族博物館では五月から一年間「日本年」と題する特別展が開催されて、瑞暉亭にまつわる歴史、日本茶室と大工道具、日本の住まいを今に応用したモデルルーム、日本人形の変遷などが展示された。そして六月、カール・フィリップ王子の結婚式にご出席された高円宮久子妃殿下は、瑞暉亭を訪れられたときにこの特別展にも足を運ばれ、スウェーデン王室と日本皇室との茶室にまつわるつながりについてご認識を新たにされている。

瑞暉亭は、このように皇室・王室関係を含む日本スウェーデン間の伝統的な友好関係を象徴すると同時に、和の精神を分かち合う場として、北欧における日本の国際文化交流の拠点となっている。

茶会に参加した裏千家淡交会メンバーを中心とする関係者

6 女流写真家石内都氏がハッセルブラッド国際写真賞を受賞

二〇一四年三月、ハッセルブラッド財団は、同年の「ハッセルブラッド国際写真賞（Hasselblad Foundation International Award in Photography）」が日本人写真家の石内都氏に授与されると発表した。この賞は「写真界のノーベル賞」と称されており、賞金は一〇〇万スウェーデン・クローナ（約一五〇〇万円）となっている。

「ハッセルブラッド」というスウェーデンの写真機メーカーは、日本のメーカーに押されて一般にはあまり知られていないが、プロの写真家の間では一目置かれる存在となっている。昔の写真機はレンズを被写体に向けて、上から覗き込むというタイプのものが主流であったが、このタイプの元祖となる「６×６㎝判」の一眼レフカメラを世界に先駆けて発売した会社である。また、アメリカが打ち上げたアポロ11号に同社のカメラが搭載され、月面の写真を撮影したことでも知られている。

一一月七日、ヨーテボリで行われた授賞式に私は妻とともに出席した。これまで日本人は二人受賞しているそうだが、日本人女性としては初めてという快挙である。石内さんは一九四七年生まれ、自分の育った横浜を舞台にした『横浜ストリー』（一九七六～一九七七年）、『アパートメント』（一九七七～一九七八年）、『連夜の街』（一九七八～一九八〇年）などの作品を次々と公表して頭角を現していった。のちに、女性の体に残る傷跡を対象とする『scars』（一九九一～二〇〇三年）や広島で原爆の遺品として保存されていた品物を被写体にした『ひろしま』（二〇〇七年～）など、社会的にメッセージ性の高い作品も世に問うている。

授賞にちなんで開催された写真展は石内さんの代表作を紹介するものであったが、スウェーデン国内のみならず日本からも多くの人々が駆けつけた。「もちろん」と言うべきだろうが、受賞を記念した立派な写真集（Hasselblad Award 2014 Ishiuchi Miyako, Kehren Verlag Heidelberg Berlin, 2014）も刊行されている。

受賞式でシンポジウムに参加した石内都さん（右端）

第11章 思い出深い人々

1 王室関係の人々

カール一六世グスタフ国王陛下

グスタフ国王は幼いときに父親を航空機事故で亡くしたため、しばらく摂政の座にあった祖父のグスタフ六世アドルフ（一九八ページ参照）から王位を継承して、一九七三年九月一五日に即位している。スウェーデンの憲法では、国王に政治的権能は与えられておらず、その役割は国家元首としての儀礼的なものにかぎられている。

私には、信任状捧呈式と離任にあたっての拝謁以外にも、何度かグスタフ国王と親しくお話しする機会があった。茶目っ気のある方なのだが、ご自身の考えはズバリと口にされる。私的な会話では、難民問題や内政など政治的な問題についても率直に意見を述べられた。

社民党首班のロヴェーン政権下で、ヴァルストローム外相がサウジアラビアとの軍事協定を同国が民主的体制でないことを理由に延長しないとして両国の関係がこじれた際、最終的に双方が王国であることを生かして、関係修復のための労をとったのも国王であったといわれている。内外に、隠然たる影響力を有している（一一七ページ参照）。

一方では、若い世代を代表するヴィクトリア皇太子（二一三ページで詳述）の人気が高くなっている。それがゆえに、国王からの譲位を期待する声が時に聞かれたりもする。オランダやベルギーなどの周辺国の王室において若い世代への譲位が近年見られたことや、我が国でも天皇陛下の退位について議論となっていることから、最近ではスウェーデン世論でも国王の退位について何かと話題になっていると耳にする。

王宮での離任表敬に際して、カール16世グスタフ国王とともに

あるとき、私はリンドクヴィスト王宮府長官に、「スウェーデンでも、国王の生存中に王位が皇太子に委譲されることがあり得るのか」と尋ねたことがある。長官の答えは、「スウェーデン王室の伝統は、大陸諸国の王室のそれとは異なり、イギリス王室の伝統を範としているので、国王は生存するかぎり、その地位にとどまるのが原則である」というものであった。

グスタフ国王は、二〇一六年四月三〇日に満七〇歳の誕生日を迎えた。ゼロのつく誕生日はヨーロッパでは盛大に祝われるが、近隣の王室のみならず、我が皇室にも招待状が送られて高円宮妃殿下が祝賀の会にご出席された。ちょうどこの日（あるいは翌日のメーデー）は、夜にスウェーデン人が大きな火を焚いて春の訪れを喜ぶ「Valborg（ヴァールボリ）」（英語ではWalpurgis）という日に重なる。一方、国王の誕生日という機会に、王政派と共和国派ともいうべき両派の間で、「スウェーデンに王政は必要か」という議論が闘わされるのも恒例となっている。

多くのスウェーデン人にとってはあまり関係のない話のようだが、折に触れてこのような議論が蒸し返されるというのは、それだけ王政が市民にとって身近な存在であることの裏返しであるといってもよいだろう。

グスタフ国王は親日家である。私がスウェーデンに赴任するにあたって、外務省では少なくとも一六回の公式・非公式の訪日を把握していると説明を受けた。最近では、二〇一六年二月にスウェーデン王立工学アカデミー（ＩＶＡ）の産業技術訪日団を率いて訪日しているので、この記録は更新されている。日本とスウェーデンの両国は、二〇一八年に外交関係樹立一五〇周年を迎えるため、さらに訪日暦が積み重ねられることになるだろう。

スウェーデンの王室と日本の皇室の関係は伝統的に良好である。グスタフ国王王妃夫妻は、二〇〇七年三月に国賓として訪日しているのに続き、二〇一二年にも訪日を行っている。また、ヴィクトリア皇太子は、二〇〇一年に続いて二〇〇五年の日本国際博覧会の機会に訪日している。これ対して、天皇皇后両陛下も二〇〇〇年五月と二〇〇七年五月にスウェーデンをご訪問されている。

とくに二〇〇七年のご訪問は、ウプサラ大聖堂で開催された「リンネの生誕三〇〇周年記念行事」にご出席されるためであり、陛下ご自身とリンネとの関わりにも触れた同地での記念講演は、いまだにスウェーデンの関係者の間で語り草になるほど現地の人々に感銘を与えるものであった。

二〇一〇年六月には、皇太子殿下がヴィクトリア皇太子の結婚式ご出席のためにスウェーデンをご訪問されているほか、二〇一三年および二〇一五年には高円宮妃殿下がマデレーヌ王女、カール・フィリップ王子の結婚式に、さらには二〇一六年四月のグスタフ国王生誕七〇年記念行事にご出席のため、それぞれスウェーデンをご訪問されている。

二〇一五年一〇月一〇日、私は離任挨拶のためにグスタフ国王を表敬訪問した。在任中に与えられた便宜に感謝するとともに、その間に行われたスウェーデン日本間の活発な交流に言及しつつ、今後、二〇一八年の日瑞外交関係樹立一五〇周年に向け、多岐にわたる分野において二国間の関係が一層深まることを祈念する旨を申し上げた。

表敬を終えて部屋を辞そうとしたとき、国王から私の任期中の労をねぎらって、外交分野での最高勲章である「北極星勲章コマンデール大十字型章（The Royal Order of the Polar Star, Commander Grand Cross）」を親授された。驚くと同時に、大変光栄に思った次第である。早速、公邸で佩用してみたが、スウェーデンの国旗の色でもある青に黄色がよく映えていた。

フィリップ王子の結婚式に向かわれる高円宮妃殿下

シルヴィア王妃陛下

私が外務省に入省後、ドイツで勉強していた一九七六年六月、スウェーデン国王が市井のドイツ人女性と結婚するというニュースが大きく報じられた。この女性が今のシルヴィア王妃であるのだが、当時、この結婚はシンデレラ物語として話題となった。

二人の出会いは、彼女が一九七二年の「ミュンヘン・オリンピック」のときにコンパニオンとしてグスタフ国王をお世話したことに端を発し、国王が「一目惚れ」したといわれている。当初、国王よりも二歳年上のドイツ人であるシルヴィア王妃に対するスウェーデン国民の目は、なかなか厳しいものがあったようだ。

余談ながら、外部から世間があっと驚く配偶者を迎えることは、どうもスウェーデン王室のしきたりになったような観がある。国王の当初の反対を押し切って、ヴィクトリア皇太子が七年越しの恋を実らせて結婚にこぎつけた相手は、彼女の個人スポーツ・トレーナーであるオーロフ・ダニエル・ヴェストリング（Olof Daniel Westling, 1973〜）氏であった。今度は、逆シンデレラ物語となった。

そして、次女のマデレーヌ王女の結婚相手は、イギリス人の資産家クリストファー・ポール・オニール（Christopher Paul O'Neill, 1974〜）氏である。ニューヨーク暮らしが長く続く二人は、国祭日の行事出席などかぎられた機会にしかスウェーデンに戻らない。また、クリストファー氏が王室関連の行事にあまり進んで出席しないことから、マデレーヌ王女に対しては、王室の一員としての自覚に欠けるとの批判がしばしばマスコミからもなされていた。

このようなこともあってか、二人は二〇一五年にニューヨークからストックホルムに移ったが、ほどなくしてオニール氏の仕事の関係で、今度は二人でロンドンに移ってしまい、依然として批判の火種は残っている。

さらに、二〇一五年に長男のカール・フィリップ王子が結婚した相手のソフィア・ヘルクヴィスト（Sofia Hellqvist, 1984〜）氏は、何かとマスコミの話題をさらってきたモデルであった。マスコミと同様、王室内部でも賛否が議論になったといわれている。ただ、いずれの配偶者も、ダニエル王子（Prince Daniel）、ソフィア王女（Princess Sofia）として、婚姻後はそれなりに王室の一員としての素養と振る舞いの術（すべ）をきちんと身に着けて、期待される役割を立派に果たしている。

王族のなかでは、私はシルヴィア王妃ともっとも接点があった。接点のなかには、スウェーデンに着任してまもない二〇一四年三月下旬、歴史的にも文化的にもスウェーデンと縁の深いバルト三国に出張した際、たまたま国王王妃夫妻がラトヴィアを公式訪問中で、国王とは別行動をとる王妃にリガの市庁舎横で偶然に出くわしたことも含まれている。

「こんな所で何をしているのですか？」と問われたのでその理由を説明したが、ラトヴィアはかつて在スウェーデン日本国大使館が兼轄していたようにスウェーデンとは縁の深い国である。

その場で、彼女の心に残っている「ヨックモック（Yoku Moku）」のクッキーについてもお礼の言葉を受け取った。スウェーデンのように自然の素材を重視し、北の町ヨックモック（Jokkmokk）の名前にちなんで名付けられたお菓子屋さんが日本にあることをかつて説明し、その詰め合わせを贈呈したことを踏まえてのことである。

シルヴィア王妃は、社会福祉増進のためにこれまで力を注いできている。母親が認知症を患ったという経験を踏まえて、王妃は二〇〇六年に国と協力して、認知症対策振興のために非営利財団法人「シルヴィア・ホーム（Silviahemmet）」を設立している。この法人は、認知症患者とその家族の生活の質（QOL）向上に貢献することを目指しており、離宮のあるドロットニングホルムにはデイケア・センターが設立されている。

シルヴィア王妃（右側）とリガの市舎庁横で偶然に

同センターでは、日本を含む世界各地から集まる看護師をはじめとして認知症に携わる専門家のための教育が施されており、一定のコースを終えた者に対して「シルヴィア・ナース」や「シルヴィア・ドクター」の称号が与えられている。また、センター内には、認知症患者にとって暮らしやすい室内設備や通信機器などを紹介するコーナーもあり、彼らの立場に立った快適な居住環境が展示されている。

カール・フィリップ王子の結婚式のためストックホルムをご訪問中の高円宮妃殿下がホームを視察されたとき、ちょうどデイケアのためにセンターに来ている患者とご懇談されることになった。豊かな自然のもとで手厚いケアを受ける患者たちの言動からは、彼らが認知症を患っているとは直ちに見通すことができなかった。

二〇一五年五月一八日、シルヴィア王妃およびヴィクトリア皇太子ご臨席のもと、スウェーデンの関係団体（高齢者ケア・フォーラム、スウェーデン・ケア・インターナショナル）の共催により、第一回「認知症フォーラムX（Dementia Forum X）」が開催された。

主催者によれば、「X」はエギュゼキュティブの略であり、この問題に取り組む意思と能力のある人々の参加を募るためとのことであったが、世界一七か国から総勢一〇〇名余りの人々が参加して議論が行われた。日本からも、私のほかに厚

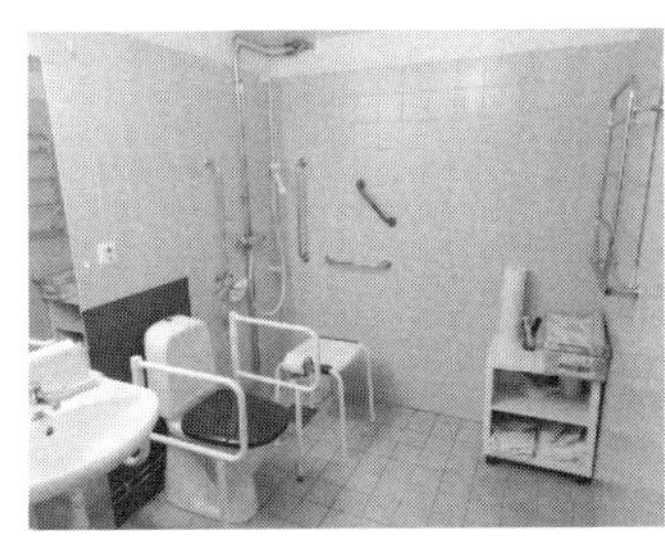

シルヴィア・ホームでは、認知症を患う人にとって認識を容易にするためにモノトーンな色調を避け、対比が鮮やかになるよう設備や備品の色遣いに工夫がされたモデルルームが展示されている

生労働省老健局高齢者支援課の水谷忠由認知症・虐待防止対策推進室長が参加した。
我が国からは、現在四〇〇万人に上る認知症患者がおり、その数が二〇二〇年には七〇〇万人に達すると見込まれる状況下で、政府は国家戦略「新オレンジプラン」を策定してこの問題に取り組んでいることを紹介した。会場からは、その数の大きさに驚くとともに、国家レベルで積極的な取り組みが行われていることを称える声が聞かれた。スウェーデンもこの問題には積極的に取り組んできているが、認知症のための国家戦略はいまだない。

さかのぼる二〇一四年四月一一日には、同じく王妃の肝いりで、第四回「グローバル・チャイルド・フォーラム（Global Child Forum）」が王宮で開催されている。このフォーラムは、子どもの権利について有識者を交えて広く議論する場として二〇〇九年に創設されたものである。シルビア王妃は子どもの人権を守るための活動にも積極的に取り組んできており、同様のテーマを掲げた国際会議に参加するため、これまで四度にわたって来日している。

このときは、「子どもの権利のためのパートナーシップ～今日そして未来へ～」と題して開催され、約三〇〇名のゲストのほか、国際企業、国連、学界の代表などを交えて活発な議論が行われた。シルヴィア王妃は、午前の開会式から参加者との昼食、午後の分科会、夜の社交行事とすべてのプログラムを精力的にこなしたが、その姿勢から、この問題にかける王妃の情熱が十分にうかがわれた。

ヴィクトリア皇太子殿下

私がヴィクトリア皇太子に初めて会ったのは、「欧州文化首都ウメオ二〇一四」の開会式が同地で開催されたときである。休暇中のスキーによる怪我で松葉杖を使用していたが、名誉総裁として娘のエステル王女を含む家族とともに現地に赴き、公務を果たしていた（一八九ページ参照）。

県知事公邸での食事会に招かれたときに親しく挨拶する機会を得たが、朗らかで社交的、周囲の人々に気を遣う思いやりも備えた人である。また、ウメオ大学で開催された夕食会では夫であるダニエル王子と同じテーブルになったが、同王子も今では王室に溶け込んでおり、豊富な話題で社交の席を盛り立てていた。

欧州文化首都には日本も例年参加しているが、ウメオでの行事における日本側の実行委員会委員長は三井住友ファイナンシャルグループの奥正之取締役会長が務めた。

王宮に奥夫妻（中央）とともにヴィクトリア皇太子表敬（提供：Royal Court, Sweden）

そのような経緯から、奥会長夫妻に古木修治EUジャパンフェスト日本委員会事務局長ほかが同行して、現地を視察した帰路、ストックホルムの王宮でヴィクトリア皇太子に表敬するという機会を得た。

懇談では、ウメオでの諸行事のほかにも、両国間で二〇一八年に予定されている日瑞外交関係樹立一五〇周年事業についても話題となった。奥会長夫妻には、これを契機にスウェーデンとその王室に対して、一層の親しみの情をもってもらうことができたと思っている。

ヴィクトリア皇太子もシルヴィア王妃と同様、社会福祉に関心を示しているが、若い世代を代表して教育や芸術、スポーツなどの分野でも活躍している。また、家庭を大切にしており、ダニエル王子との間にはエステル王女とオスカー（Oscar, 2016～）王子がいる。

スヴァンテ・リンドクヴィスト王宮府長官

リンドクヴィスト王宮府長官の肩書きは、英語では「Marshal of the Realm」であり、そのポストは、カール九世（Karl IX, 1550～1611）治世の一六〇七年に創設された伝統と権威に満ちたものである。国王によって任命され、王宮府の組織および所掌（しょしょう）事務に関して、国王に対する直接の責任を有している。今日では、スウェーデンの大使以外には首相や外相も使用しなくなった「閣下（Excellency）」の肩書使用を認められている、唯一の官職となっている。

リンドクヴィスト長官は、もともと科学史を研究する教授であり、ノーベル博物館館長、スウェーデン王立科学アカデミー（ＫＶＡ）会長の要職を務めたスウェーデンを代表する知識人である。スウェーデンの公務員の定年は通常六五歳であるが、一九四六年生まれの長官は、グスタフ国王に請われて七〇歳までこの職を務めることになっている。

リンドクヴィスト長官とは、王族や王宮行事の関連から多くの接点があった。ウプサラ大学図書館のキュレーターを勤めるカタリーナ（Catharina）夫人とともに、夫婦同士で親しくお付き合いをする関係でもあった。

執務室横にある会議室に佇むリンドクヴィスト長官。この部屋はかつて政府の閣議室として使用されていた

リンドクヴィスト長官との距離がぐっと縮まったのは、日本国政府が同長官に対して、二〇一三年秋の叙勲で「旭日大綬章」を授与したときである。この受章を、ご本人は大変に喜んでくれた。二〇一四年二月七日、大使公邸で行った勲章授与式にはスウェーデン社会を代表するそうそうたるメンバーが多数参加したが、幼いころから日本文化に馴染んできた長官は、受章の喜びを次の俳句で表した。

A freezing bullfinch
Gazing into the grand hall
A man is blushing　（凍え立つ、ウソ鳥の目に、恐懼する大広間の我映る）

王宮府長官は、ノーベル賞の受賞記念の晩餐会をはじめとして、王宮での公式行事や民間での大型記念行事にホワイトタイの正装で現れることが多い。この場合、最高位の勲章を身に着けるのが原則である。リンドクヴィスト長官は、そのたびに日本の「旭日大綬章」を身に着けて会場を歩き回ってくれる。美しい日本の勲章は社交の席での話題に事欠かない。その意味で長官は、日本のために歩く広告塔の役割を果たしてくれているともいえる。

リンドクヴィスト長官を通じて、スウェーデンの上流社会を構成する人々や、そこでのしきたりなどを多く学ぶことができた。王室につながる人々のみならず、経済界や学会で活躍する数多くの人々を、私の仕事がやりや

フィリップ王子の結婚式の会場に入る来賓を先導する王宮府長官夫妻
（撮影：Karin Törnblom ／ IBL）

すいようにと紹介してくれたのだ。

オープンで平等なスウェーデン社会でありながら、そこには隠然たるコネクションの存在が見て取れる。長官は社会的バックグランドにとどまらず、人間関係についてもさまざまなことを教えてくれた。医療の分野では、王宮付き医務官ともいうべき肩書（First Court Physician）の著名な医師がそれぞれの分野におり、長官の紹介で我が家が世話になる医師とも知り合いになることができた。

王宮府には儀典に関する専門家は多いが、なかでも勲章に関する専門家からさまざまなアドバイスを得られたことも貴重なことであった。ホワイトタイの場合に勲章を身に着ける際には、儀典上すべての勲章を佩用（はいよう）しても差し支えがなく、たとえば首から二つの異なる勲章を掛けても問題がないことを初めて知った。ただ、実際に試してみたが、やはりどうも座りが悪く、見栄えもよくないので私はそのようにはしていない。さらに私は、王宮府の専門家によって、オマーンのカブース国王から授与された勲章の大綬の長さを適切な長さに調節までしてもらっている。

そういえば、晩餐会におけるスウェーデン式の流儀を教えてくれたのもリンドクヴィスト長官であった。

スウェーデンでは、主人（host）の挨拶を受けて招待客（guests）を代表して答礼の挨拶をするのは、主夫人（hostess）の左側に位置する人物となっている。ある夜、長官夫妻が我々のために晩餐会を王宮府の館で催してくれたのだが、長官夫人の左側に私が座ることになると、事前にさりげなく告げてくれた。外交上の儀典では、一般に主人・主夫人の右側に座る人物が最上位であり、招待客を代表して答礼の挨拶をするのが通例であるため、これとは異なるスウェーデン流のやり方は私にとって新たな体験となった。

リンドクヴィスト長官はウィットに富んだ人物であり、注意していないと聞き逃すことがあるが、よく会話のなかにちょっとしたジョークを織り交ぜてくる。はにかんだ面持ちで語る彼の話術が妙に懐かしい。

2 政財界の人々

ウルバン・アリーン国会議長

私がアリーン（Urban Ahlin, 1964～）議長と知り合いになったのは、彼が国会の外交委員会副委員長のときである。当時、アリーン議員の所属する社民党は野党の地位にあり、委員長の席は与党穏健党が握っていた。外交問題に精通しているアリーン議員は、ほぼ毎年のようにアジアを訪れ、日本でも政治や経済をはじめとした最新の状況について学ぶことを怠らなかった。

私がスウェーデンに着任して間もなく、再び日本を訪れるとして、若干のアポイントメントの取り付けについて協力依頼を受けた。幸い、麻生太郎副総理兼財務大臣をはじめとする各界要人とのアポイントメントが実現して、アリーン議員は満足して戻ってきた。そのころから、私とアリーン議員とは携帯電話のショート・メッセージでやり取りするようになったが、このことは彼が国会議長に就任してからも変わることがなかった。筆まめな性格であり、こちらからのメッセージには簡潔であっても必ず返事を寄越してくれた。

日本に対する親愛の情にも厚く、夏休み期間中、日本から衆議院沖縄及び北方領土問題に関する特別委員会の安住淳委員長一行が来訪したときには、わざわざ休暇地からストックホルムに駆けつけて対応にあたってくれたりもした。

二〇一四年の総選挙で社民党が勝利し、政権の座に返り咲いたとき、アリーン議員はその経歴に照らして外相候補の一人に挙げられた。彼の外交に精通した知識と経験に鑑みれば、私も適任と思った。しかし、この下馬評ははずれ、アリーン議員は国会議長へと大躍進を遂げた。この人事については多くの人が意外に思ったようだが、

国会議長室にてアリーン議員とともに

それ以上に本人がそう思ったそうである。

一九七四年に制定された、憲法を形成する四つの基本法の一つである政体法では、政府を組織するよう求める権限は国家元首たる国王ではなく国会議長にある。憲法序列上、議長は国王に次ぐ地位にあるわけだが、国王が政治的権能を有していないのに対し、国会議長は首班指名をはじめとして幅広い政治的権限を有している。社民党は環境党と連立を組んでいるものの、それだけでは国会議席の過半数には及ばず、旧共産党の流れを汲む左翼党の閣外協力で何とか政権を運営している状態なので、政治的な根回しは何かと大変である。

アリーン議長は、二〇一四年秋に新政権が成立して間もなく、議長を団長とする超党派の議員団を日本に派遣することにした、と私に連絡してきた。そして、訪日の準備にあたっての協力を依頼された。福祉分野への先端技術の応用、教育の質の確保、女性の社会進出、原子力や再生可能エネルギーをめぐる政策、雪に強い高速鉄道網など、両国が直面する課題について日本の専門家と意見交換を行い、それぞれの現場を視察したいとのことであった。

我が国がこの種の訪問先として新国会のもとで最初に選ばれたことも、同議長の日本への思い入れを表していた。ところが、準備がはじまりだした矢先の年末、与党政権の提出した新年度予算案が国会で否決されるという内政上の危機が勃発した。結局、訪問は延期されざるを得なかったが、この訪問は、私が離任する直前の二〇一五年九月に実現している。大島理森衆議院議長、安倍晋三総理大臣との会談も実現し、アリーン議長からは大いにその成果に満足していると、帰国後すぐにお礼の電話が私にあった。

スウェーデン政界に親日派、知日派の人物は多いが、アリーン議長はそのなかでも一頭抜きん出た感がある。日本国大使としては冥利に尽きる。

ステファン・ロヴェーン首相

二〇一四年の総選挙の結果、穏健党を首班とするこれまでの中道右派連合は下野し、代わって社民党を首班とする中道左派連合が政権の座を勝ち取った。これに伴い、ステファン・ロヴェーン社民党党首が第三五代首相に就任した。

もっとも、ロヴェーン政権は環境党との連立であり、閣外で左翼党の支持を得ながら政権運営にあたる少数政権であるだけに、いろいろと苦労が絶えない。政権成立後間もない二〇一四年一二月には、前述したように、政府提出の翌年度予算案が国会で否決されるという珍事が起こっている。ここでも、台風の目は「極右」と称されるスウェーデン民主党であり、キャスティング・ボートを握る同党の策略が功を奏したのである。

すわ再選挙か、と内政は一気に流動化したが、年末ギリギリのところで中道右派連合と政権政党との間で大局的な見地に立った妥協が成立し、野党も次回総選挙までの間、今回の総選挙結果を尊重して倒閣運動は行わずに政府予算案を通し、他の法案については是々非々で対応するということになった。

この妥協は最大野党穏健党の間でも甚だ評判が悪く、政権交代のチャンスをみすみす逃すことになるとの声が大きかった。しかし、フレデリック・ラインフェルト（Fredrik Reinfeldt, 1965〜）党首（前首相）に代わって穏健党の新党首に就任したばかりのアンナ・シンベリ＝バトラ（Anna Kinberg Batra, 1970〜）女史は、党内の基盤固めを十分になしえておらず、総選挙に打って出ても結果は変わらない、それどころか極右政党を勢いづけかねないと考えたようである。

スウェーデンの憲政史に鑑みれば、近代政治のなかでは社民党支配の時期が圧倒的に長く、スウェーデンの進んだ社会保障制度も同党の貢献によるところが大きい。その意味で、現政権の成立はスウェーデン政治の常道に戻った観がある。ただ、これまでと大きく異なるのは、左右両派の間に入って極右勢力が政局を左右しかねない影響力を握ったことである。しかし、中道左右両派のいずれも極右政党と協力して、政権を維持ないし奪取することは政治的にできまい。

ロヴェーン氏が首相の座を射止める道のりは平坦なものではなかったが、その成功物語は、スウェーデンにおける社会的流動性を如実に示すものでもある。ロヴェーン氏は、生後一年に満たずして家庭の事情から孤児院に送られ、幼いころからソレフテオ近郊に暮らす里親に育てられた。苦学の末ウメオ大学に学んだが、卒業することはなかった（一八三ページ参照）。

一〇代のときから社民党党員であり、政治活動にも積極的に参加したどいわれているが、民間会社に溶接工として就職したあとは、一貫して労働組合活動に精を出し、そこで頭角を現すなか、二〇〇五年に結成された「金属労組」の代表に選出された。その後、二〇〇六年に社民党理事会入りを果たし、二〇一二年に党首の地位を仕留めている。

私が着任する直前、ロヴェーン党首は日本、韓国を訪問するアジア歴訪の旅に出た。そして、帰国してすぐ、私が初めて参加したストックホルムでの「アジア大使会議」に主賓として出席している。オーストラリア大使の公邸で開催された会食では、同党首はもっぱら我が国と韓国の印象について語ったが、他の大使の手前、少し申し訳ないと感じるほどの熱の入れようであった。

ロヴェーン党首は日韓両国の進んだ技術開発を称え、この分野でのスウェーデンと両国との協力の可能性を探

2014年の「アルメダーレン」集会での記者会見後、ロヴェーン党首と立ち話

りたいと情熱を語った。日本では、ボルボ社が吸収したUDトラックスの上尾工場を訪問したようで、衣料や家具といった分野に加え、製造業でも具体的な協力が進んでいることは頼もしいということであった。

その後の総選挙でロヴェーン党首は首相に就任したわけだが、訪日が好印象を残したことは、私が仕事を進めていくうえでの大きなアセット（財産）となった。

カール・ビルト外務大臣

ビルト外相は、私が着任して以降、社民党首班政権が成立するまでの間、中道右派連立政権の外相であった。同外相は、一九九一年から一九九四年まで首相を務めた経験があり、社民党政治が発達させてきた高度の福祉政策に対して、自由主義に立脚した修正を加えた。また、経済の自由化や規制緩和を進め、一九九五年に実現するスウェーデンのEU加盟の下地をつくった人物でもある。

二〇一四年二月、ビルト外相は外務省賓客として訪日することになったので、私も同外相接遇のために一時帰国した。

外相会談では、折からウクライナ問題、日本とEU、北欧・バルト諸国との協力、日本スウェーデン関係をはじめとした幅広い分野にわたって意見交換が岸田文雄外務大臣との間で行われた。

とりわけ、ＥＵ未加盟の旧東欧諸国との関係を進めようと、「東方パートナーシップ」を主導するスウェーデン外相の分析を聞けたことは日本にとっても参考となった。また、日本が北欧バルト諸国との間で進めようと考えている対話の枠組み「NB8＋日本」[1]についての意見交換も有意義なものであった。

ビルト外相は、一九九四年に首相を退任してから、バルカン問題の解決に向けて初代のボスニア・ヘルツェゴビナ上級代表や、バルカン問題に関する国連事務総長特別代表を務めるなど、外交問題に精通している人物でもある。外相に在職時、各国大使館にとっては、スウェーデン外務省のとりあえずの反応を知るのにもっとも迅速で効果的な手段は、「ビルト外相のツイッターに目を通すことである」と言われるほど幅広い外交問題に明るく、対外発信にも力を注ぐ政治家であった。

風貌もそうだが、ビルト外相は読書を好む学者肌のところがある。どちらかというと寡黙な人である。外務省賓客として東京滞在中、忙しいスケジュールの合間をぬって、「神田の古本屋街にどうしても行きたい」と言うので、私も案内がてら同行してみると、行きつけの本屋で明治以前に来日した外国人が書き残した書籍を楽しそうに読みふけっていた。秘書官によれば、公務で

（1）（Nordic-Baltic Eight plus Japan）北欧五か国およびバルト三国と日本の協力強化のための枠組み。

どの国を訪問しようが、本屋を訪れることを好むということであった。

ビルト家は華麗な一族である。曽祖父のギリス・ビルト（Gillis Bildt, 1820～1894）は軍人、県知事、国会議員、駐独大使と幅広い分野で活躍したほか、一八八八年から一八八九年までは第五代首相を務めている。そして、父親のニルス・ビルト（Nils Bildt, 1850～1931）は外交官としてイタリアでの経験が長く、歴史家としても数多くの書物を残している。

先に述べた民族博物館が「茶室の再建二五周年記念」の日本展を行った際には、ビルト家にあるコレクションから日本関連のものが数多く展示された。読書を愛するビルト外相の血には、曾祖父と父親の性格が引き継がれているのかもしれない。

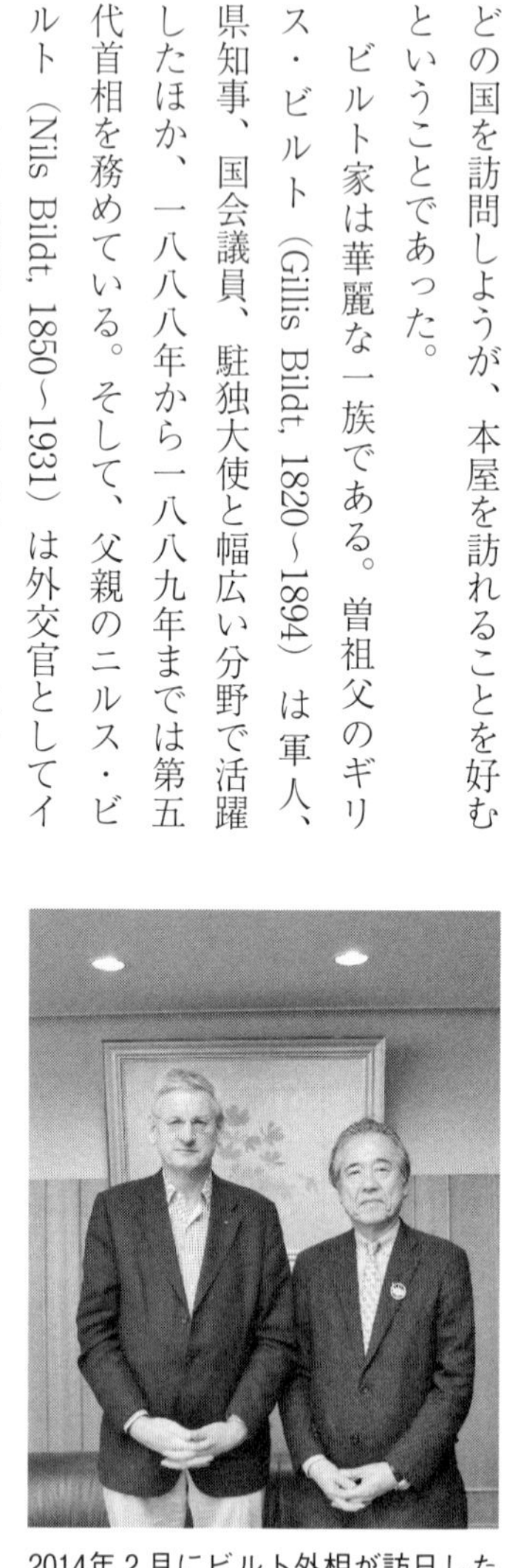

2014年２月にビルト外相が訪日した際の空港貴賓室にて

マルゴット・ヴァルストローム外務大臣

政権交代に伴い、ビルト外相の後任に就任したのが社民党の重鎮マルゴット・ヴァルストローム外相である。ロヴェーン政権下の副首相でもある。一九七九年以来政治家として活動するという経験を有し、過去に消費者・女性・青年問題担当相、文化相、社会相のほか、欧州委員会で環境を担当する委員、組織関係・コミュニケーション戦略担当の副委員長、国連事務総長の委託による紛争下の性的暴力に関する特別代表などといった要職を務めている。

二〇一四年一一月六日、新内閣の閣僚が外交団に対して政策を説明する会合の席で、私はヴァルストローム外相に初めて挨拶する機会を得た。日本との関係を強化したいとの抱負を述べたあと、実は間もなく日本を非公式に訪問する予定だが、できれば外務大臣にも表敬したいとのことだった。

訪問時期が一二月という年末にあたること、安倍内閣の改造が取りざたされていたことなどから不確定な要素はあったものの、ちょうどクリスマスにあたる二五日、再選された岸田外務大臣が初めて迎える外国からの賓客がヴァルストローム外相となった。外相会談では、二国間関係や日本とEUの関係のほかに、女性の社会参画、国連改革や平和構築のための協力など幅広いテーマが話し合われたが、

2014年のノーベル・ディナーにおけるヴァルストローム外相（左）

同外相がこの時期に家族で日本を訪問した理由がもう一つあった。一橋大学で学んでいる子息を訪ねることが主要な目的であったのだ。

ヴァルストローム外相の政治家としての経歴は長い。二五歳で国会議員になって以来、舞台がスウェーデンから欧州、世界に広がってもずっと政治に関わってきた。また同外相は、信念の人でもある。とりわけ、正義、公平、人道、民主主義といった崇高な理念の実現に向けて力を注いでいる。

潘基文（バン・ギムン）国連事務総長（二〇〇七年～二〇一六年）の要請に基づき、紛争における性的暴力に関する事務総長特別代表に就任し、二〇一〇年の安保理会合においては、コンゴ民主共和国で性的暴力が政府軍のみならず反政府軍によっても「武器」として組織的に使われているという実態を明らかにした。また、二〇一四年に中央アフリカ共和国に派遣された国連兵による人権侵害の疑いを内部告発したスウェーデン人の国連職員に向けられた組織内部からの非難に対しても、その立場を擁護するスウェーデン政府の強い姿勢を示した。

ロヴェーン政権が成立して間もなくしてパレスチナを国家承認した背景にも、イスラエルに対してあまりにもひ弱な立場にあるパレスチナを強化することなくして公平な交渉は成り立たない、という同外相の確信があったものと思われる。ヴァルストローム外相は、就任以来、自らの信念を前面に押し出した価値観の強い外交を進めている。

イェンス・スペンドロップ、スウェーデン経団連会長

スペンドロップ（Jens Spendrup, 1944～）経団連会長とは、スウェーデン着任後の表敬訪問を通じて知己を得たが、日本から来訪する財界人や政治家が同会長と会談する際にはほとんど同席したこともあって、個人的にも親しさを増していった。

スペンドロップ家は、一八九七年に設立されたビール会社のオーナー一族として知られている家柄だ。今日では、ビール企業として国内第二の地位を占めている。

かつてスウェーデンにおいては、酒類の販売は国家独占となっていたが、一九九五年にEUに加盟するにあたってこの独占が廃止されたために、「スペンドロップ社」はワインをはじめとする他の酒類の販売にも従事するようになって業績を伸ばしていった。また、良質の源泉に由来するミネラルウォーターの生産にも

葉梨康弘財務大臣政務官（中央）とスペンドロップ経団連会長（左端）との会談に同席した筆者（経団連にて）

携わるほか、清涼飲料水の販売面では日本企業とも協力関係を有している。

スペンドロップ会長が経営する保養所が名水の産地であるロカ・ブルン（Loka Brunn）にあると聞いたので、二〇一四年、妻と夏休みを過ごすために同地を訪れた。「ロカ・ブルン」は、保養地の名前であると同時に、スペンドロップ社のミネラルウォーターの商標にもなっている。

もともと同地は国王の領地であり、二つの湖に挟まれた風光明媚な土地である。昔は偏頭痛持ちの国王がよくクアに訪れたそうだが、その後、王宮府が財政立て直しのために同地を民間に払い下げたため、これをスペンドロップ家で買い上げて保養所に発展させた。休暇中の我々は、かつての国王が滞在した部屋に宿泊したが、決して豪華ではなく、小さいながらもなかなか趣のある部屋であった。

我々がロカ・ブルンに滞在する間、たまたまスペンドロップ夫妻も滞在していたので何度か食卓をともにしながら歓談をした。彼らの別荘も、保養所と同じ敷地内にある。夫人は旅行業に携わっており、「もっと、日本人観光客をロカ・ブルンに招きたい」と熱心に語っていた。

ノーベル博物館が所在するカールスコーガ（Karlskoga）からもさほど遠くないことから、最近ではロカ・ブルンへ足を延ばす中国人グループの旅行者がかなりいるということだが、日本からの観光客は決して多くない。スペンドロップ家では、「近くに位置するグリューティッタン（Grythyttan）にあるグルメレストランを買い取ったので、食と旅を結び付けたツアーを日本人

風光明媚なロカ・ブルンの風景

保養所の敷地内には、今でもその頃の施設が残されている

かつて国王が保養地を
訪れた頃の駅舎

に提供したい」ということであった。

スペンドロップ夫妻には、二〇一四年、夏のアルメダーレン政治集会がゴットランド島のヴィスビーで開催されたときにも、道端でばったりと出会ったことがある。「よかったら、昔ながらの製法でビールを造っている醸造所を見ていかないか」と誘われたので付いていくと、レンガ造りの家の中にこぢんまりとした醸造所があった。入り口を入るとバーもあって、ちょうど、スペンドロップ氏の子息である若社長が従業員と新製品のビールについて検討会を行っているところだった。この世界も若い人の感覚が重要だとのことで、会社の経営はすっかり彼に任されている。

この若社長が私のことを日本国大使だと耳にして、是非、商品の一つである「ショーグン」を試してほしいと言ってきた。ラベルには、兜がシンボルとしてあしらわれている。味わってみると、日本のビールよりもかなり強く、コクのある味わいがしたのでそのように告げると、「将軍だけに、強くなくてはならない」とのことだった。いつか、このブランドを日本市場へ売りに出すことがこの若社長の夢となっている。

ショーグン・ビール

ヤコブ・ヴァレンベリ、インヴェスター社会長

ヴァレンベリ家の歴史は古く一七世紀にまでさかのぼるが、財閥として頭角を現したのは一九世紀後半になってからである。今日では、一族の三つの財団[2]からなる私的な持株会社「ＦＡＭ」を通じて、スカンジナビア航空、エリクソン社（通信機器）、サーブ社（車両、航空機、武器）、ＳＥＢ銀行（金融）、ＡＢＢ社（重工業）など、国際的にも著名な企業の運営に携わっている。

一族は外交官も輩出しており、グスタフ・オスカー・ヴァレンベリ（Gustaf Oscar Wallenberg, 1863～1937）は初代の駐日スウェーデン特命全権公使を務めたし、ラウル・グスタフ・ヴァレンベリ（Raoul Gustaf Wallenberg, 1912～1947）はハンガリー在勤時、ナチスに追われたユダヤ人を救った人物としてスウェーデンの杉原千畝（一九〇〇～一九八六）にもたとえら

グスタフ・オスカー・ヴァレンベリの肖像

（2）クヌート&アリス・ヴァレンベリ財団（Knut and Alice Wallenberg Foundation）、マリアンヌ&マルクス・ヴァレンベリ財団（Marianne and Marcus Wallenberg Foundation）、マルクス&アマリア・ヴァレンベリ財団（Marcus and Amalia Wellenberg Foundation）

れている。

この由緒あるヴァレンベリ家の現在の総帥がヤコブ・ヴァレンベリ（Jacob Wallenberg, 1956〜）氏だ。一九五六年生まれで、私と同世代であるため親近感をもった。夫人はアニカ・レヴィン（Annika Levin, 1955〜）氏であり、国王王妃が普段居住するドロットニング宮に付属する劇場の理事長を務めているが、芸術キュレーターとしても知られており、幅広い芸術活動に従事している。もちろん、日本の文化にも造詣が深い。

私は、二〇一四年初夏のある日、ヤコブ・ヴァレンベリ氏から大使館にほど近い湖沿いにあるヴァレンベリ家の迎賓館へ昼食に招かれた。(3) いとこでSEB銀行会長を務めるマルクス・ヴァレンベリ（Marcus Wallenberg, 1956〜）氏も同席したが、その席でヴァレンベリ家の伝記を贈られた。ちょうど私の在勤中に亡くなったが、父親のペーター・ヴァレンベリ（Peter Wallenberg, 1926〜2015）氏をはじめ、一族のそうそうたるメンバーのことが記述されている。

一行の関心はもっぱら日本の政治・経済情勢であったが、前年、久々に日本を訪れたヤコブ氏は安倍政権下での日本経済の回復振りに注目し、取引相手としてのアジアのなかでも「今後、日本の比重を高めたい」と語っていた。

その後、ウメオでの欧州文化首都の日本側実行委員会委員長である三井住友ファイナンシャルグループの奥正之取締役会長がストックホルムを訪問した際、同会長を歓迎する迎賓館での昼食会に再び招かれたが、そこには時の財務大臣と産業大臣も同席しており、ヴァレンベリ家の威光を垣間見る思いがした。

在任中の重要な課題の一つとして、日本とスウェーデンの両国が二〇一八年に「外交関係樹立一五〇周年」という節目の年を迎えることを念頭に、これを記念する諸行事を行うための実行委員会の骨格づくりがあった。かねてより、そのトップにはスウェーデン財界の要人を戴きたいと考えていた私は、ヴァレンベリ夫妻を大使公邸での夕食会に招いた席でこの件を伝え、ヤコブ氏に対して、「将来構想が具体化したら協力をお願いしたい」と伝えた。

先方からは、できるかぎりの協力を惜しまないとの反応が得られて少し安堵したが、その後、委員会の構成を具体的に進めるにあたって、多忙なヤコブ氏を実務面で補佐する事務局長の役割をスウェーデン・日本基金事務局長のエドヴァルド・フリートウッド（Edvard Fleetwood, 1952〜）氏に託したうえでスウェーデン側の実行委員長への就

（3）　一〇五ページにあるマルクス・ヴァレンベリの孫にあたる。

奥会長と歓談するヤコブ・ヴァレンベリ氏。中央に写る女性はアニカ・レヴィン夫人

任を正式に依頼したところ、ヤコブ氏は快諾してくれた。

　後日、ヤコブ氏の負担軽減を図るため、さらに実質的な委員長は前外務副大臣フランク・ベルフラーゲ（Frank Belfrage, 1942〜）氏が務め、ヤコブ氏は名誉委員長としての立場から関与するという形式変更が加えられたものの、実行委員会の骨格は私の離任前に何とか固まった。この強力な布陣で、二〇一八年の関連記念行事が成功裡に執り行われるよう祈念している。

カール・ベネット、イェティンゲ社CEO

　カール・ベネット（Carl Benett, 1951〜）氏は、スウェーデン第二の都市ヨーテボリの出身である。首都ストックホルムとヨーテボリは、ちょうど日本の東京と大阪のように互いに対抗心を有している。ヨーテボリのほうがヨーロッパ大陸に近いという意味では地の利があり、ボルボ・グループ、海運大手の「ステナ社」（一六九ページ参照）、製薬会社「アストラゼネカ（AstraZeneca）社」など、スウェーデンを代表する企業の本社がこの地にある。また、ヨーテボリ大学やチャルマース工科大学（Chalmers University of Technology）といった優れた高等学府も存在しており、これらの分野で活躍する人材を生み出している。ベネット氏自身、ヨーテボリ大学でMBAを習得している。

　カール・ベネット氏は、自らの名を冠した株式保有会社を経営しているが、その傘下で医療技術・設備を扱う「イェティンゲ（Getinge）社」、解体重機・歯科関連装置や部品などを扱う「リフコ（Lifco）社」、印刷・包装を得意とする「エランダース（Elanders）社」などの経営に携わっている。私がベネット氏に初めて会ったのは、ストックホルムにあるイェティンゲ社のショールームに招かれたときであった。そこには最新の手術台が展示されており、医師にとって作業が行いやすいような工夫がさまざまに凝らされているとのことであった。この分野では、日本の企業との取引も多いそうだ。

ベネット氏は、学術振興にも力を入れている。地元の大学を支えるほか、「ノーベル・ウィーク・ダイアログ」などの企画を財政的にも支援しており、ストックホルムで開催されたダイアログのときには、ヨーテボリ大学の学長とともに私も会場で出会い、意見交換する機会があった。

ベネット氏はスウェーデン財界では名の通った人物であるが、幾人かの財界要人を私に紹介してくれている。大使公邸での昼食会のときに、「この近くにも友人がいる」と言って教えてくれたのが、ハンデルスス銀行系の投

カール・ベネット氏
（提供：Forbes）

資会社「インドゥストリヴェルデン（Industrivärden）社」の会長であるフレデリック・ルンドベリ（Fredrik Lundberg, 1951～）氏だった。これらの実業家との意見交換は常に有益なものであったが、社民党政権の経済政策については、企業に過大な負担を求めるものであるとして、彼らの口からはいつも批判的な見解が聞かれた。

二〇一六年二月、グスタフ国王率いるスウェーデン王立工学アカデミー（ＩＶＡ）代表団が日本を訪問し、両国の産業協力のために日本側の関係者と協議を行ったが、そのときベネット氏も代表団の一員として国王に随行して来日している。国王臨席のもとで開催された歓迎レセプションの席で、私も久々に同氏に会うことができた。

3 アカデミズムの人々

カール＝ヘンリック・ヘルディィーン、ノーベル財団理事長

ヘルディィーン教授をスウェーデンで初めて見かけたのは、二〇一四年のノーベル賞授賞式でノーベル財団を代表して彼が式典冒頭の挨拶をしたときである。もちろん、会場内の外交団席からだ。その年、日本人の受賞者がいなかったので、その機会に行われる社交行事などで知り合いと

なる縁には恵まれなかった。その後、東京大学の宮園医学部長がスウェーデンを訪れた際に同教授を紹介され、それ以降、私がスウェーデン社会に溶け込むに従って親しくなっていった。

ヘルディーン教授は、二〇一四年に欧州研究評議会（European Research Council）副会長を務めたが、二〇一五年には健康と環境に焦点を絞った分子生物科学研究拠点である「SciLifeLab（Science for Life Laboratory）」の新理事長にも就任して、スウェーデンにおける科学研究の振興に大きな役割を果たしている。

ノーベル財団がスウェーデン国外で初めて開催する「ノーベル・プライズ・ダイアログ」を東京で実現するにあたっても、ヘルディーン理事長が一定の役割を果たした（一五三ページ参照）。学術研究面での日本との協力に対するヘルディーン理事長の思い入れには相当なものがあったといえる。

裏話になるが、ダイアログの開催地として東京が決まる前に他のアジアの都市に先を越されそうになったとき、このような動きの機先を制する意味も込めて、私から「日本とノーベル財団との間で、事前に学術会合を開催することができないものだろうか」と相談をもちかけていた。これに応える形で、二〇一

ノーベル賞の授賞式で挨拶するヘルディーン教授（提供：Nobel Media 2013）

四年九月四日に東京大学で医学関係の「ノーベル・プライズ・ダイアログ」と銘打ったシンポジウムが開催できたのだが、これもヘルディーン・宮園両教授の連携のなせる業であった。

このシンポジウムにはヘルディーン教授も参加したが、さらに、ヘリコバクター・ピロリ菌の発見およびピロリ菌と胃炎・潰瘍との因果関係を解明して二〇〇五年のノーベル生理学・医学賞の受賞に輝いたウェスターン・オーストラリア大学のベリー・マーシャル（Barry J. Marshall, 1951～）教授も参加して特別講演を行っている。

ヘルディーン教授にはギリシャ人の夫人がおり、休暇は太陽がいっぱいの夫人の故郷で過ごすという。同夫人とは、二〇一四年に三名の日本人がノーベル物理学賞を受賞した際の王宮晩餐会で隣同士の席になり、楽しい会話が弾んだ。大使公邸での社交行事にたびたび参加してくれたヘルディーン教授だが、夫妻そろって親日家であり、和食を含む日本文化をこよなく愛している。

ノーベル賞の選考が厳正な手続きに従って行われていることは第8章で述べた。親日家のヘルディーン教授がノーベル財団のトップにいることが、日本人の受賞を手助けしているというようなことはない。しかしながら、同教授をはじめとして、ノーベル財団に日本に好意的な人材が広く存在し、「ノーベル・プライズ・ダイアログ」や各種展示会などの行事を通じて同財団が日本での存在感を強化しようとしていることは、総体的に見て、我が国と財団との良好な協力関係を醸成していくうえで大いに役立っている。

バーバラ・キャノン、スウェーデン王立科学アカデミー会長

スウェーデン王立科学アカデミー（ＫＶＡ）は科学を振興し、社会におけるその影響を強めることを目的として一七三九年に設立された。初代会長はカール・リンネが務めたという大変由緒のある組織である。王立科学アカデミーは、ノーベル物理学賞、化学賞と経済学賞を選考する機関としても知られている。

バーバラ・キャノン（一四一ページ参照）会長はもともとカナダ出身のイギリス国籍の人であり、ストックホルム大学の生理学教授を務めている。王立科学アカデミー会員には、一九八九年に外国人会員枠で選ばれている。二〇一二年七月一日に会長職に就いたが、その四年にわたる任期の間に三名の日本人科学者がノーベル物理学賞を受賞するという快挙があった。

彼女の専門は哺乳類の褐色脂肪細胞である。これは、食物によって得られたエネルギーを内部に蓄えたり、余分な場合には熱に変換したりすることで身体の代謝を一定に保とうとする細胞であるが、現代社会における肥満の原因にも関係すると見られることから、その仕組みの解明は製薬会社にとっての関心事となっている。

もともとこの細胞は小さな哺乳動物が有していると考えられていたが、人間の成人にもあることを世界で初めて発見したのが北海道大学の斉藤昌之教授である。それゆえ、キャノン教授は斉藤教授とは長年にわたって親交がある。

私がキャノン教授に出会ったのは、王立科学アカデミー会長の知己を得ておこうと二〇一四年初夏に彼女を研究室に表敬訪問したときだった。「今日は秘書がいないから」と、自ら出口まで迎えに来てくれた教授の研究室はこじんまりとしたものだった。そこでは、日本との学術研究交流やノーベル賞にまつわる話が主であったが、教授がノーベル賞の選考過程について丁寧に説明してくれたことが印象に残っている。

その後、王立科学アカデミーが斉藤教授を招いて開かれた学術会議の機会には、会場がアカデミーの本部だったこともあって館内を案内してくれた。わざわざ会長席に座って、選考委員会の結果を決定するときに木槌を打つ仕草までしてくれたが、「でも、私のすることは、その年の受賞者を手順に従ってこうして形式的に確定することであって、会長といえども結果を覆す権限はないの」と述べて、ユーモアのあるところを覗かせていた。

私が在任中に仕込んだことだが、キャノン教授を我が国の叙勲の対象に推薦するという構想は、二〇一六年春に実を結んだ。彼女の功績を称え、旭日重光賞が授与されることになったのである。

スウェーデン王立科学アカデミーの会長席に座るバーバラ・キャノン教授

彼女は夫のヤン氏とともに来日して皇居での式典に臨んだが、受賞後に夫妻と懇談した際、この受賞を大変喜んでくれていることが分かった。そのことは、帰国後に送ってくれた二人の皇居での記念写真からも十分に読み取ることができる。

歯周病予防学の権威ヤン・リンデ、ヨーテボリ大学名誉教授

スウェーデンの医療サービスのなかでも、歯科は大変優れている。そもそも、口腔衛生の概念はスウェーデンで発展してきた。二〇一三年秋の外国人叙勲において、ヨーテボリ大学のヤン・リンデ（Jan Lindhe, 1935～）名誉教授に対して旭日中綬章が授与されたが、同教授はプラーク・コントロール、歯周病予防学を確立した世界的な権威である。日本との関係でも歯科学研究者の育成や歯科医療の発展に寄与しており、二〇一四年二月二〇日に大使公邸で行った勲章授与式には、わざわざ日本から数名のお弟子さんが祝賀に駆け付けたほどであった。

医療もそうであるが、スウェーデンの歯科は治療より予防に力点が置かれている。幼児期から虫歯にならないように正しい歯の磨き方を学び、歯の保護のためにフッ素を活用している。日本でも最近は発売されるようになったが、歯磨きペーストにもフッ素が含まれており、歯を磨いたあとはあまり口を漱（すす）がないようにすすめられている。

インプラントについても、治療法発祥の地はスウェーデンだ。この技術の基礎は、ある教授が

一九五二年に金属素材であるチタンが骨に結合することを発見したことに由来するという。

個人的な経験に照らしても、スウェーデンの歯科が優れていることはよく分かる。二〇一四年のノーベル賞授賞式の直前に一本の歯が折れるという出来事に遭遇した私は、応急措置を受けたあと、結局、その歯をインプラントにせざるを得なかった。このとき市内の歯科医院で治療を受けたので、スウェーデン流のやり方を体験することができた。

一回の診察で掛けられる時間は、多くの場合約一時間である。当日はまず治療方針からはじまって丁寧な説明があり、その後、必要な検査や治療が行われる。時間に余裕があるときには、正しい歯の磨き方、歯茎の手入れの仕方などについても説明を受けたが、さすがにプラーク・コントロールの国だと思った。

日本に戻ってからは、そこの医師から紹介された、ス

大使公邸で行われた旭日中綬章の授与式。ヤン・リンデ教授と夫人（左）

ウェーデンで学んだ経験を有する日本人歯科医のもとで定期検査を受けることにしている。

マリー・セーデルベリ、ストックホルム商科大学付属欧州日本研究所所長

マリー・セーデルベリ（Marie Söderberg, 1953〜）教授は、ストックホルム商科大学（Stockholm School of Economics）付属の欧州日本研究所（European Institute of Japanese Studies）の所長を務めていることもあって、日本の事情に詳しい。もともとジャーナリストであったことから発信力にも優れており、スウェーデンのマスコミに日本の政治や安全保障などについてしばしば寄稿している。

東京には欧州日本研究所の支部があり、一橋大学大学院商学研究科のイェスパー・エドマン（Jesper Edman, 1974〜）講師が東京事務所理事を務めている。ちなみに、彼はH&Mジャパンのクリスティン・エドマン（Christine Edman, 1975〜）社長の夫でもある。セーデルベリ教授は、日本、アジアについての知見をアップデートするためにしばしば来日して、関係者と意見交換を繰り返している。

私がスウェーデンで初めてとなる「日本語弁論大会」を開催したいと考えたとき、企画段階からラーシュ・ヴァリエ（一一五ページ参照）前駐日スウェーデン大使とともに積極的に関与し、いろいろとアドバイスをしてくれたのもセーデルベリ教授であった。大会は成功裡に終了し、そ

の後も継続されている。

また、二〇一五年三月一三日、個人的なつながりのあるセシリア・マルムストローム（Cecilia Malmström, 1968〜）通商担当欧州委員を主賓として大学に招いて、日欧の貿易問題に関するワークショップを開催し、日本側からは長嶺安政外務審議官が参加して有益な意見交換を行うことができたのもセーデルベリ教授のおかげであった。

このような功績を踏まえ、二〇一五年八月一九日、岸田大臣は同教授に対して外務大臣表彰を授与している。

大使公邸で、セーデルベリ教授に対して外務大臣表彰を転達

4 二人の日本国名誉総領事

スウェーデンには二人の日本国名誉総領事がいる。一人はヨーテボリ市のクラース・グリル（二六九ページ参照）名誉総領事、もう一人はマルメ市のレイフ・アルメ（二七七ページ参照）名誉総領事である。名誉総領事館は日本国政府が実館を置くほどのことはないものの、日本と結

び付きのある地元企業や一定規模の在留邦人コミュニティーの存在を考慮に入れて、大きな都市の篤志家や名士に託すことが多い。通常、その国の国籍を有し、日本と縁が深い人物となっている。

クラース・グリル名誉総領事

グリル総領事は、長年にわたってスウェーデンを代表するボールベアリング会社「ＳＫＦ社」の幹部を務めた。若いころには東京の駐在員も経験しているため、日本についての造詣も深い。子息も日本人女性と結婚して、目下デンマークの大手海運会社の日本支社に務めている。グリル夫妻にとっては、彼らを訪ねることで日本についての知識を深めるよい機会となっている。私も帰朝後、妻とともに来日したグリル夫妻と何度か懇談し、スウェーデン事情に関する知識を更新する機会をもつことができた。

グリル総領事は、ハッセルブラッド国際賞授賞式をはじめとしてヨーテボリで行われるさまざまな行事に私が参加するときには、その受け入れ準備にあたって各所へも同行してくれた。ボルボ本社でオーロフ・パーションＣＥＯ（一六九ページ参照）が我々のために夕食会を開いてくれ、その席でボルボ社と日本との結び付きについて丁重な説明を受けることができたのも彼のアレンジのおかげである。

グリル総領事が主導し企画してくれた行事もあった。そのなかでとくに印象深いのは、桜が満開になるのを待って、二〇一四年四月にヨーテボリ植物園（Göteborgs botaniska trädgård）内で行われた「日本谷（Japandalen）」のリオープニング式典である。

ヨーテボリ植物園は、オランダ人によって拓かれたヨーテボリ市が創立三〇〇周年を迎えた一九二三年に開所されたものであるが、総面積が一七五ヘクタールもあり、園内に自然保護区を擁するヨーロッパ最大の公園の一つである。

そこの「日本谷」に植えられている木々や植物は、ある学芸員によって日本を中心とする東アジアから一九五〇年代に直接もたらされたものである。普通の日本庭園というよりは、木々や草花を棲み分けに従ってそのまま再現しようとした大掛かりなものとなっている。

私は、この「日本谷」の修復が成り、リオープニングされる機会を捉えて植物園を訪問し、桜の苗木の記念植樹を

ヨーテボリ植物園の「日本谷」で行った桜の植樹

行うなど各種の行事に参加した。植物園をこよなく愛し、大切に維持していこうとする同好会メンバーとの話し合いは、この由緒ある植物園にかける人々の熱い思いが伝わってくる印象的なものであった。なかには盆栽の振興に打ち込む人もいたことをはじめとして、ヨーテボリ市民のなかに日本庭園を愛する人は多い。

ストックホルムに次ぐ大都市であるヨーテボリでは、さまざまな国際行事が開かれている。代表的なのは、一九八五年以来毎年秋に開催されている「ヨーテボリ・ブックフェア」である。ヨーロッパでは、「フランクフルト・ブックフェア」に次ぐ北欧最大規模のものとなっている。

ヨーテボリ・ブックフェアでは、毎年テーマ国を選定して、その国の文学に焦点をあてたさまざまな企画も実施されている。私の在任中は、ノーベル文学賞候補に毎年村上春樹氏の名前が挙がり、スウェーデン国内にも根強いファンがいることから、グリル総領事と連れ立ってフェア事務局を訪れ、日本がテーマ国になる可能性を探った。

結論から先に述べると、ホスト国に課される多大な資金と作業の負担に照らし、この構想は諦めざるを得なかった。グリル総領事は最後まで望みをつなぎたいと話していたが、有力な後援者も残念ながら見当たらなかった。直近の二〇一四年には、本国政府の全面的なバックアップを得たブラジルがこの栄光に浴することとなった。

毎年春には、「観光展「TUR」もヨーテボリで開かれている。これには、日本政府観光局（JN

TO）やストックホルムに支店を置くJTBなどの日本企業に加えて、大使館もブースを設けて日本文化の紹介やインバウント・ツーリズムを助長する活動を行っている。このような恒例の行事に参加するに際しても、グリル総領事には下準備の段階から大いに助けられた。

レイフ・アルメ名誉総領事

三〇万人余りの人口を抱えるマルメはスウェーデン第三の都市である。地理的にはスウェーデン南部にあって、ヨーロッパ大陸、とくに歴史的にデンマークとの結び付きが強く、今日ではエーレスンド橋（一七六ページ参照）がこの街とデンマークを結んでいる。デンマークの首都コペンハーゲンとマルメとは車で三〇分ほどであり、コペンハーゲン国際空港は両市の中ほどにあるので、ストックホルムからマルメに行く際には、まずコペンハーゲン空港へ向かって飛ぶこともある。

マルメは造船、建設や繊維関連の製造業の街として発展してきたが、橋がマルメと

マルメを訪問した際、コペンハーゲン国際空港に降り立ったついでにコペンハーゲン市内を案内してくれたアルメ名誉総領事。デンマーク王宮の前で

ヨーロッパ大陸を結ぶようになってからはデンマークの経済圏との結び付きを強め、最近ではＩＴや科学の街へ脱皮しようとしている。かつてソニーと協力関係にあったエリクソン社の研究所や、ねじれた形状をしている五七階建の「トルソ（Turning Torso）」が存在する。二〇〇五年に完工したこのビルは、北欧で一番高い建物といわれている。私がマルメを訪問した日、日本車を満載した大型輸送船が荷降ろしをする様子がトルソの上層からよく見えた。

レイフ・アルメ名誉総領事は、デンマークで興したＩＴ企業で成功した実業家であるが、自らも武芸を嗜むスポーツマンである。武士道をはじめ、日本の心や匠の技をよく理解している。市内には、彼が経営する「総合スポーツセンター（Enighet Sportcenter）」があり、市民や若者の交流の場となっている。同センター二階の会議室は、後述するスコーネ日本人会の活動場所となっているほか、邦文図書の保管にもあてられている。

アルメ総領事は、マルメ市領事団の長を務めるなど外交面でも活躍している。マルメには、国連専門機関である「国際海事機構（IMO：International Maritime Organization）」によって設立された「世界海事大学（World Maritime University）」があり、海事に関連した博士課程、修士課程など、大学卒業レベルを対象にしたコースが教えられている。

世界各地から海を愛する若者が集まってくるが、日本からの留学生もここで学んでいる。私の在任中には古くなったキャンパスの改修計画が進んでいたが、日本財団が資金協力を行い、二〇一五年五月一九日に関水康司ＩＭＯ事務局長、笹川陽平日本財団会長などの要人を迎えて、新校舎の開所式典が執り行われた。

アルメ総領事は、市街地から少し離れたエストラ・グレヴィエ（Östra Grevie）にある農家の館を買い取って夫人とともに暮らしているが、そこには、訪れた日本人の誰もが驚く彼の骨董コレクションがある。湿度管理が施された二階の一区画に、日本刀をはじめとする武具甲冑、根付、焼物などの美術品が厳重なセキュリティーのもとに安置されているが、その豊かさはあたかも博物館の一室に足を踏み入れたかと錯覚するほどの印象を与える。

このようにアルメ夫妻は芸術に造詣が深く、一階のサロン・食堂には世界のモダンアート作家の作品が所狭しと並んでいるかと思えば、ある寝室には二〇世紀初頭の上流階級の婦人が使用した調度品が備え付けられており、違った意味での骨董的な価値を満喫することができる。

南部スウェーデンに位置するスコーネ県の県庁はマルメにある。そこに暮らす日本人と家族の集いの場として、五〇年ほど前に「スコーネ日本人会」が設立されたが、スウェーデンに五つある日本人会のなかではもっとも古い歴史を誇っている。スコーネには、古い歴史と格式を誇るルンド大学に加え、テトラパック社、またマルメにコックムス社の造船所、ソニーやホンダなどがあるため、教育や芸術、産業の分野で活躍する邦人も多い。現在、スコーネ日本人会には世帯数で約一〇〇世帯、会員数では二五〇人弱の人々が所属している という。

二〇一四年二月、私はアルメ総領事のスポーツセンターで開催された新年会に招かれ、会員のみなさんと懇談する機会を得た。スウェーデン人・日本人夫妻の音楽一家によるヴァイオリン演奏、台湾出身の青年による沖縄伝統舞踊の披露などが行われ、賑やかで楽しい新年会であった。

新年会のあとには、スポーツセンター内で行われていた空手の練習を見学することができたが、若者たちの真剣な眼差しを見ていると、「スポーツが青少年の健全な精神の育成に大いに役立っている」とアルメ総領事が日ごろから強調していることが実感できた。

マルメはヨーロッパ大陸からスウェーデンへの入り口になっているため、外国人労働者も多い。とくに、私の任期の後半は、中東から押し寄せる難民が大きな政治問題になった。二〇一四年に七万人余りだったのが、翌年にはその

「スコーネ日本人会」の新年会で会員家族が演奏

数が一六万人ほどに膨れ上がり、難民を第一線で受け入れ、教育や医療をはじめとする行政サービスを提供する市町村からは悲鳴が聞かれるようになった。

このような状況で、アルメ総領事とはしばしば政治問題、なかんずく難民問題に端を発する内政問題について議論をし、貴重な意見を聞かせてもらったが、保守的な同総領事が居住環境と治安の悪化するマルメの現状について抱く危機感には相当深刻なものがあった。

5 文化人

ABBAの元リーダー——ビョルン・ウルヴェーウス

日本国大使公邸がユシュホルム地区のバルト海に連なる湾に面した住宅街にあることについては第1章で触れた。その公邸の前の海に浮かぶ小島に、ビョルン・ウルヴェーウス（一〇ページ参照）氏の自宅がある。彼から聞いたところによれば、ユシュホルムの海辺を散歩していてその環境が大そう気に入り、将来、暮らすならあの島にあるこじんまりとした家がよいと決めて不動産屋に話していたという。しばらくして、そこに住むオーストラリア人が手放したので即座に購入を決め、一九九五年に引っ越して以来、ここで家族とともに暮らしている。

ウルヴェーウス夫妻は、公邸で行う社交行事にときどき顔を出してくれた。また一度は、隣人とともに招いた夕食会にも参加してくれた。ビョルン氏は、引退後も音楽のプロデュースや社会奉仕活動に打ち込んでおり、『小さな白いピアノ（The Little White Piano)』と題する児童向けの本を書いたり、ヒット曲『マンマ・ミーア』をリプロデュースして、その売り上げをユニセフに寄付したりするなど今でも現役として活躍している。

二〇一四年に開催した天皇誕生日レセプションに夫婦で顔を出してくれたとき、サイン入りのABBAの保存記念版（一〇ページ参照）をもらったが、そこにいるメンバーはもう三〇年以上前の姿であり、今のビョルン氏の面影はそこにない。私もカーペンターズ、ビートルズ、ABBAといったポップミュージックとともに青春時代を過ご

一番右がビョルン・ウルヴェーウス氏、その左はレーナ夫人。大使公邸での夕食会のとき

しただけに、彼との出会いは青春時代の思い出を想起させる一方で、年老いたかつてのスターに自分の姿が重なって、この間の長い歳月の流れを感じてしまった。

　ウルヴェーウス氏から、日本との縁には数奇なものがあると聞かされた。彼がABBAを結成する以前の一九七二年のこと、彼と相棒のベニー・アンダーション（Benny Andersson, 1946〜）が作曲した曲『She's just my kind of girl』が日本でヒットしたと聞かされて驚いたそうだ。調べてみると、たしかにこの曲が日本で『木枯らしの少女』と題するシングル曲としてリリースされ、五〇万枚を売り上げる大ヒットとなっている。

　そしてその年の秋、二人はいずれABBAを組むことになるフリーダ（Anni-Frid Lyngstad）とアグネッタ（Agnetha Fältskog）を伴って来日した。

　ストックホルムのユールゴーデン（Djurgården）

ABBA ミュージアム（右）と、そこに展示されているメンバーの人形

地区には、二〇一三年五月にオープンした「ABBA ミュージアム」がある。そこには ABBA にまつわる品々が展示されており、最新のオーディオ・ビジュアル機器も備わっているので、彼らのコンサートやインタビューを聞くことができるほか、自ら舞台に上がって ABBA のヒット曲をカラオケのように歌うこともできる。

ABBA が日本公演で使ったコスチュームも展示されていた。スウェーデン・デザインを尊重しつつも、どこか和風を連想させる雰囲気の衣装である。日本公演は一九八〇年であったが、ABBA としてはこれが最初で最後の公演となった。

二人の女流推理作家——ヴィヴェカ・ステンとデニーズ・ルンベリ

序章でも述べたように、作家のヴィヴェカ・ステン（一一ページ参照）女史の自宅は大使公邸のすぐ隣にある。ご主人とともに彼らもユシュホルム地区の魅力に惹かれて、ここに引っ越してきたという。夫婦ともに弁護士であるステン夫妻とは、ある日、ご近所のよしみということで食事をともにしてから親しくなった。

ヴィヴェカ女史は、長年法律家として活動をする傍ら小説を書きはじめたそうだが、やがて推理作家として世間に知られるようになった。その土台を形成するのは、彼女の一家が一九一七年から毎年夏を過ごしてきた避暑地サンドハムン（Sandhamn）島での体験である。

夫妻を公邸に招いたとき、彼女からデビュー作である『静かな水のなかで』のほか、『夏の日射しのなかで』と『煌めく氷のなかで』の日本語版を贈られた。これらの本を読むとスウェーデン人の生活の一端がよく分かって面白いのだが、さらに彼らの喜怒哀楽や物事の考え方などにも触れることができるので大いに参考になった。「スウェーデン人は日本人と似ている」と先に述べたが、その気質を感じさせる記述にも多々出合う。

スウェーデン在勤中には、もう一人の女流作家とも知り合いになった。デニーズ・ルンベリ（Denise Rundberg, 1971〜）女史である。妻が参加した「インターナショナル・ウィメンズ・クラブ」で彼女が行った講演が面白かったというので、公邸で開く社交の席にゲストの一人として招いて懇談する機会を得た。若手推理作家として頭角を現し、女性主人公が殺人事件を解明するなかから、ストックホルムのエリート層に潜む倒錯した社会をあぶり出す初の翻訳英文小説『A Small Indiscretion』（邦訳なし）がアメリカでヒットして、その地位を不動なものとしている。

デニーズ女史は男女機会均等に関する問題意識も高いので、日本から訪れる文化人や芸術家との意見交換の場にも出席してもらうことがあった。のちに触れる市内の由緒あるチョコレート屋「エイェス（Ejes）」のオーナー夫人との間でデニーズ女史のことがたまたま話題になったとき、彼女がこぢんまりとしたチョコレート屋の店先で自作の朗読会を行ったと知って話が弾んだ。彼女は、「昔からエイェスのチョコがお気に入り」とのことであった。

「酒サムライ」オーケ・ノルドグレーン

私がノルドグレーン（Åke Nordgren, 1953〜）氏と知り合いになったのは、天皇誕生日レセプションを公邸で行うにあたって、そこに酒コーナーを設けて、来客に日本酒について説明して欲しいと依頼したときである。その後、公邸で実施する社交行事の折には、類似の役割をしばしばお願いすることになった。大使館員たちは、親しみを込めていつも「オーケさん」と呼んでいる。

オーケさんはスウェーデンきっての日本酒通であり、「酒サムライ」の称号を有している。スウェーデン国内のみならず、ヨーロッパ各地の飲食関連イベントへの参加や講演などを通じて、日本酒にまつわる文化を紹介している。もちろん、頻繁に日本を訪問しては全国の酒蔵をめぐって、興味深い銘柄を発掘するとスウェーデンに持ち帰って普及に努めてくれている。

大手のメーカーには目もくれず、「日本人の間でもあまり知られていないような地方の小さな酒蔵を訪ねて回るのが好きだ」と言っていたオーケさんは、レストランや「システムボラーゲット」に日本酒を納める資格を有している。

大使公邸の行事で、在京大使館勤務経験者のカナダ大使に日本酒の説明をするノルドグレーン氏

政策的な理由からスウェーデンは、先進国のなかでは珍しく酒類販売に関しては国家が規制しており、酒類を購入するには「システムボラーゲット（Systembolaget）」と呼ばれる政府企業の酒類販売店に行かなければならない。アルコールの消費を少しでも減らすべく、システムボラーゲットは毎日定時に開店および閉店をしており、夜間や日曜日には酒類を購入することができない。

ちなみに、アルコール乱用者の治療に関するある会議で公表された資料によれば、スウェーデンでは六〇万人に過大なアルコール消費の危険があり、内五万人が深刻な、二五万人がそれより程度は軽いもののアルコール乱用の問題を抱えており、三〇万人が危険なレベルのアルコール飲用状態にあるという。

このようなオーケさんの活躍に鑑みて、岸田大臣は二〇一四年度の外務大臣表彰をオーケさんに授与し、その功績を称えた。お祝いの昼食会を公邸で開催したときには、夫人のスザンネ・リンデーン（Suzanne Viola Lindén, 1958～）さん、娘のフィクシー・リンデーン（Fixi Lindén, 1990～）さんも参加して、家族でその喜びを分かち合ってくれた。フィクシーさんも、酒ソムリエとして父親を手伝って、日本酒を紹介するイベントに借り出されることがある。

オーケさんは、近年、単に日本酒をスウェーデンに紹介するだけでは飽き足らず、スウェーデンの一流洋食シェフを日本へ連れていき、彼らに和食と日本酒を紹介して、そこから自分の料理に新たな刺激や想像力を与えるという企画も実行している。多くのシェフは日本料理のことなどはほとんど知らないそうだが、さすがに食文化として互いに通じるものがあるのか、大いにインスピレーションを得て帰国の途に就くそうである。日本文化のよき理解者、それがオーケさんである。

王室御用達チョコレート専門店「エイェス」を商う一家

大使公邸の社交行事の際に提供されているチョコレートが、大使館からほど遠くないエーリック・ダールベリスガタン（Erik Dahlbergsgatan）通りにある「エイェス」のものであると知ったのは、赴任してしばらく経ってからである。チョコレートの粒はいずれもクラシックな感じのものだったが、王室御用達であると知って「なるほど！」と妙に納得した。市内には、「ショコラード・ファブリーケン（Chokladfabriken）」という、よりモダンなデザインと味のチョコレート屋も存在する。若い世代には、そちらのほうが人気なのかもしれない。

公邸の職員によれば、このチョコレート屋には歴代大使がお世話になっているとのことである。かくいう私もそうなので、ならば「エイェス」を在外公館長表彰の対象にして、これまでの労に報いることはできないかと考えた。儀典担当をはじめとして大使館内で検討したところ、十分に要件を満たすとのことであったので、二〇一四年一〇月一六日に公邸で授賞式を行った。

エイェスの起源は古く、一九二三年にユデイート・アンダーション（Judith Andersson）という人物によって、ストックホルム市内のビルガー・ヤールスガタン（Birger Jarlsgatan）通りに設立された。エステルマルム（Östermalm）地区に店が移ったのは一九六二年のことであり、その後、現在のアーデベック（Ardebäck）夫妻（Rune, 1946〜と Marie-Louise, 1949〜）に経営が委譲されたのは一九八八年である。現在は、マッツ（Mats, 1973〜）とリンダ（Linda, 1976〜）兄妹が店を切り盛りしている。

エイェスのチョコレート製法は設立以来の伝統が守られており、人工的な原料や素材は一切使用されていない。その由緒ある製法と地道な努力が認められて、ついに一九九〇年には王室御用達の名声を獲得するに至った。当然、ストックホルム市民のなかにはエイェスのファンが多いわけだが、そのなかの一人に、先に

右端がマリー・ルイーズ、筆者を挟んで右に息子のマッツおよび左に娘のリンダとその夫ヨーナス・ニルソン（大使公邸にて）

挙げた女流推理作家のデニーズ・ルンベリ女史がいる。エイイェスの店舗内で彼女の作品の朗読会を催したことは先に述べたが、好評だったこともあって、その後も同じ企画が行われたとのことである。

私が店に顔を出すたびに、一家は私の好物であるオレンジ皮のダークチョコレート包み（Pommeranschoklad）をおまけにくれるようになった。間口の狭い店は、チョコレートのほかに、ゼリービーンズやヌガーなどといった数多くのスウィーツで溢れている。カタログによれば、チョコレートだけでも五一種類ある。

製造に携わるマッツは研究熱心であり、「かつて味わった日本のワサビと山椒の風味のチョコレートを試してみたい」と言うので材料を提供した。後日、試作品ができ上がったということで持参してくれた。日本人の私には何とも奇妙な味だったが、最近のヨーロッパではマスタードや赤唐辛子風味のチョコレートも変わり種として売られているので、ひょっとすると新基軸になるかもしれないと密かに期待している。

よさこい節ダンシングチーム「瑞花」

私が「瑞花」に初めて出会ったのは、二〇一四年一月一二日に開催されたストックホルム日本人会の新年会のときである。この新年会は、主にストックホルム在住の日本人や日本人を配偶者にもつスウェーデン人が家族ぐるみで参加するという行事で、恒例のものとなっている。

会場に設けられたステージでは、参加者が腕をふるって合唱や楽器の演奏、落語などといったさまざまなパフォーマンスが繰り広げられる。もちろん、周辺では趣向を凝らした食べ物が振る舞われている。

スウェーデン人女性のグループによる「よさこいダンス」はなかなか興味深いもので、終了後、リーダーのヤンナ・カーレソン（Janna Carleson, 1988〜）さんから話を聞いた。彼女は、留学した東北大学でよさこいダンスの魅力に取り憑かれ、帰国後の二〇一二年に友達とともにこのチームを立ち上げたという。その後、このチームとは、日本人会主催の夏祭りや大使公邸で開いた日本と縁のある若者の集いといった機会に会うことになった。

この瑞花が、二〇一四年の「高知よさこい祭り」に招かれ、スウェーデンから遠路はるばる駆

「瑞花」による「よさこいダンス」のパフォーマンス

け付けてよさこい節を踊るという金字塔を打ち立てた。この催しは五〇年を超える歴史を誇り、毎年八月に開催されているが、日本全国から一〇〇組以上のグループが参加しているという。

どうしても本場の高知で踊りたいとの思いに駆られていたヤンナさんは、さまざまな機会に知り合ったよさこい仲間の支援に助けられて「瑞花」のメンバーとともに訪日し、日本のグループ「跳乱舞（とらんぶ）」とともに、「スウェーデン日本友好よさこい連　瑞花・跳乱舞」として参加した。外国からの参加は珍しく、「瑞花」のことは地元のメディアでも大きく取り上げられて話題となった。「瑞花」は衣装も自前の手づくりで、その後もレパートリーを変えながら本国で活躍している。大学での勉強と両立させながらよさこいダンスに没頭する彼女たちからは、日本とスウェーデンに友好の橋を架ける若い世代の熱意と刺激が感じられる。

あとがき

スウェーデンは、私にとって外交官生活四一年を締めくくる任地となった。在外の勤務では、ドイツ語圏を中心にヨーロッパ暮らしが長かっただけに、ヨーロッパの国スウェーデン勤務の内示を受けたときは何だかホッとしたことを覚えている。

実際にストックホルムに着任してそこで生活してみると、スウェーデンの人々の暮らしや気質がヨーロッパ大陸の人々のそれとは異なる点がかなりあると気付いて興味を掻き立てられた。「小さな国」の人々は、「大きな政府」に自分たちの教育・福祉政策を委ね、そのためには必要な租税の負担も辞さず、高度に発達した豊かな社会を築き上げていた。率直に言って、ワーク・ライフ・バランスや生活の質は日本より高いと認めざるを得ないであろう。

外交官としての職務は多岐にわたるが、私はスウェーデン在任中、そこに暮らす人々や社会を観察することも楽しんだ。その過程を通じて、奇しくもヘルディーン・ノーベル財団理事長の発言が触媒となって「ヨーロッパの日本」スウェーデンという印象が私の心の中で確立していった。これだけ遠く離れた両国が、その気質において類似しており、互いに理解しやすい側面を有しているという事実は、私のこれまでの体験に新たな一ページを付け加えるものとなった。

と同時に、日本人の目からは豊さを享受するこの国がさまざまな悩みを抱えていることも判明した。大都市の一部には、一般市民が近寄りがたいと感じる区域が生まれ、もはや多文化主義はかつての肯定的な意味合いを失いつつある。人材がかぎられるなかで、イノベーションを好む国民性は技術革新とその社会福祉への適用を積極的に受け入れるが、いまだ心理的にはわだかまりのあるロボットや身体補助機能の介護・福祉への活用はどうあるべきか、かぎりある福祉予算のなかでこれらの導入をいかにして確保していくべきかなどについては試行錯誤も見られる。

これらの問題は、現下であるか近い将来であるかは別にして、日本に対しても等しく突きつけられている課題であり、悩みである。その意味で、互いに反面教師として学ぶのではなく、類似の問題を考えるなかから共通の解決策を導いていくことも可能であろう。その際、遠く離れてはいるが、互いの心情をよく理解し得るところは大きなメリットにもなり得る。

スウェーデン在任中には、オマーンのときのように「大使館ホームページ」に任国のことを短信にしてまとめ、後日書籍にする（『知られざる国オマーン：激動する中東のオアシス』アーバンコネクションズ社、二〇一二年）といった余裕がなかったので、本書は退官後に一から書き下ろしたものである。

雑用に追われて、完成までに約一年の月日を要することになったが、ここに至るまでの道のりは、関係者のみなさんの協力と支援の賜物である。とりわけ、在スウェーデン日本国大使館の森田華子書記官、佐藤政文書記官、蹴揚秀男書記官、新沼敬書記官、瓜生田ゆき書記官、園田誠二防衛駐在官、ジョゼフィーン・ヒルヘード職員並びにスウェーデンに三〇年以上にわたって暮らす三瓶恵子氏には、問い合わせに対する回答や親切な助言をもらい感謝している。また、本書を新評論から出版するうえで、武市一幸社長には初めの段階から大変お世話になった。同社長からは、一緒に本づくりをするプロセスの楽しさを教わった。

スウェーデン側関係者のなかでも、リンドクヴィスト王宮府長官、キャノン前スウェーデン王立科学アカデミー会長、ノーベル・メディアのフィレニウスCEOには関連資料の入手をはじめとしてとくにお世話になったので、彼らに対する謝意とともにそのことを特記しておきたい。

本文でも述べたように、日本とスウェーデンは二〇一八年に「外交関係樹立一五〇周年」を迎える。これを契機に両国の交流は一層深まるものと思うが、本書がスウェーデンの人々をより良く理解するうえでお役に立てば幸いである。

二〇一七年　三月

森元誠二

参考文献一覧

・藤井威『スウェーデン・スペシャル［Ⅰ］［Ⅱ］［Ⅲ］』新評論、二〇〇二年、二〇〇三年
・渡辺芳樹『スーパーモデル・スウェーデン――変容を続ける福祉国家』法研、二〇一三年
・ヨーハン・A・ストリンドベリ戯曲／内田富夫訳『恋の火遊び／令嬢ジュリー』中央公論事業出版、二〇〇五年
・高岡望『日本はスウェーデンになるべきか』PHP新書、二〇一一年
・北岡孝義『スウェーデンはなぜ強いのか――国家と企業の戦略を探る』PHP新書、二〇一〇年
・武田龍夫『物語スウェーデン史――バルト大国を彩った国王、女王たち』新評論、二〇〇三年
・小野寺百合子『スウェーデンの歳月』共同通信社、一九九五年
・小野寺百合子著『新装版　バルト海のほとりの人びと』新評論、二〇一六年
・岡沢憲芙・宮本太郎編『スウェーデン・ハンドブック（第二版）』早稲田大学出版部、二〇〇四年

・村上誠人編『スウェーデンを知るための60章』明石書店、二〇〇九年
・谷沢英夫『スウェーデンの少子化対策――家族政策の展開と男女共同参画社会への挑戦』日本評論社、二〇一二年
・三瓶恵子『アストリッド・リンドグレーン――ピッピの生みの親』岩波書店、一九九九年
・三瓶恵子『人を見捨てない国、スウェーデン』岩波ジュニア新書、二〇一三年
・宇野幹雄『スウェーデンの世界遺産紀行――自然と歴史のひとり旅』新評論、二〇〇八年
・北岡利夫『知ってそうで知らないノーベル賞の話』平凡社新書、二〇一一年
・アーネ・リンドクウィスト、ヤン・ウェステル／川上邦夫訳『あなた自身の社会――スウェーデンの中学教科書』新評論、一九九七年
・土肥孝子『バルト海は見ていた――日本・スウェーデン交流のルーツと今』ソフネット、二〇〇八年

著者紹介

森元誠二（もりもと・せいじ）
1951年４月、愛知県岡崎市生まれ。
1975年３月東京大学法学部卒業、同年４月外務省に入省。国際報道課長、西欧第一課長、国際社会協力部審議官、在ウィーン国際機関日本政府代表部次席大使、駐独次席公使などを経て2008年から2011年まで在オマーン日本国特命全権大使。2011年から2013年まで農畜産業振興機構理事。同年10月から2015年11月まで在スウェーデン日本国特命全権大使。
現在、東京大学大学院総合文化研究科客員教授、富士通株式会社顧問。
著書として、『知られざる国オマーン：激動する中東のオアシス』（アーバンコネクションズ、2012年）、論文・寄稿として、「オマーン：激動する中東におけるオアシス」（中東研究第513号、2011年度Vol.3）と「女性の地位に関する日本・スウェーデン・オマーン三極ワークショップ」（東京大学中東地域研究センター、2016年ニューズレター第９号）などがある。

スウェーデンが見えてくる
――「ヨーロッパの中の日本」――

（検印廃止）

2017年５月15日　初版第１刷発行

著者　森　元　誠　二
発行者　武　市　一　幸

発行所　株式会社　新　評　論

〒169-0051
東京都新宿区西早稲田３-16-28
http://www.shinhyoron.co.jp

電話　03(3202)7391
FAX　03(3202)5832
振替・00160-1-113487

落丁・乱丁はお取り替えします。
定価はカバーに表示してあります。

印刷　フォレスト
製本　中永製本所
装丁　山田英春
写真　森元誠二
（但し書きのあるものは除く）

Printed in Japan
ISBN978-4-7948-1071-7